Breton   Die Entdeckung der Sorglosigkeit

Sue Breton

Die Entdeckung der Sorglosigkeit

Denkgewohnheiten ändern
und das Leben genießen

Aus dem Englischen von
Michaela Meßner

≡ **TRIAS** THIEME HIPPOKRATES ENKE

Umschlagzeichnung:
Cyclus D+P Loenicker, Stuttgart

Textzeichnungen:
Friedrich Hartmann, Nagold

Lektorat:
Sylvia Aschenbrenner

Titel der Originalausgabe:
Sue Breton, Why worry?
How to Stop Worrying & Enjoy your Life
© Sue Breton 1994
First published in Great Britain in 1994
by Element Books Limited, Shaftesbury,
Dorset

Die Deutsche Bibliothek –
CIP-Einheitsaufnahme

Breton, Sue:
Die Entdeckung der Sorglosigkeit :
Denkgewohnheiten ändern und das
Leben geniessen / Breton. Aus dem Engl.
von Michaela Messner. – Stuttgart :
TRIAS – Thieme Hippokrates Enke,
1996
   Einheitssacht.: Why worry? <dt.>

Gedruckt auf chlorfrei
gebleichtem Papier

© 1996 Georg Thieme Verlag,
Rüdigerstraße 14,
70469 Stuttgart
Printed in Germany
Satz und Druck: Druckhaus Götz GmbH,
71636 Ludwigsburg
(CCS Textline, Linotronic 630)

ISBN 3-89373-337-X   1 2 3 4 5 6

Inhalt

Zu diesem Buch

Eine Frau in den Dreißigern ging zu ihrem Hausarzt und klagte über Schlaflosigkeit, Ruhelosigkeit und ein allgemeines Nachlassen ihrer Energie. Da der Hausarzt die Beschwerden seiner Patientin als Streßsymptome deutete, fragte er sie über ihren Lebensstil aus.

Er erfuhr, daß sie im Haus für einen Ehemann und zwei schulpflichtige Kinder zu sorgen hatte und zusätzlich noch ganztägig in einer Reinigung beschäftigt war. Und das war noch nicht alles, die übrige Zeit widmete sie ihrer Arbeit als aktives Ausschußmitglied des Elternverbandes und als Sekretärin des örtlichen Dart-Vereins.

Der Hausarzt kam zu dem Schluß, daß sie überlastet war. Da sie auch weiterhin für ihre Familie sorgen mußte und zur Aufrechterhaltung ihres bisherigen Lebensstandards auf das zusätzliche Arbeitseinkommen angewiesen war, gab er ihr den Rat, sich von ihren Verpflichtungen im Elternverband und im Dart-Verein zu lösen.

Ich hatte mich etwa achtzehn Monate lang mit dem Gedanken getragen, dieses Buch zu schreiben. Immer wieder setzte ich mich ernsthaft hin, um einige Gedanken und Fallgeschichten in meine Notizen aufzunehmen, aber nie begann ich wirklich mit dem Schreiben. Ich hatte stets eine Entschuldigung, um das Ganze noch ein wenig vor mir herzuschieben. Und genau an dem Tag, als mir die oben geschilderte Geschichte erzählt wurde, legte ich eine neue Diskette in meinen Computer ein und fing an.

»Was kann denn schon Neues in Ihrem Buch stehen?« höre ich Sie einwenden. »In jeder Buchhandlung stehen schon so viele verschiedene Bücher zu den Themen, wie man seine Angst bewältigt, wie man mit Streß umgeht und so weiter. Brauchen wir denn noch eins?«

Meine Antwort darauf lautet selbstverständlich: »Ja«. Ich werde Ihnen erklären, warum.

Ist es Ihnen schon einmal so ergangen, daß sie etwas lernen wollten, man hat es ihnen mehrmals erklärt, und trotzdem haben Sie es nicht verstanden? Und eines Tages erklärt es Ihnen wieder jemand, vielleicht in etwas anderen Worten, und plötzlich fällt bei Ihnen der Groschen, und Sie fragen sich, warum Sie sich vorher damit so schwer getan hatten?

Ich erinnere mich noch sehr lebhaft an eine Gelegenheit, als es mir selbst einmal so ergangen war, und zwar machte ich damals meinen Führerschein. Ich wußte offenbar nie so recht, wann und warum ich in den nächsten Gang schalten sollte. Mein Fahrlehrer erklärte es mir unermüdlich immer wieder von neuem. Manchmal hatte ich das Gefühl, es jetzt verstanden zu haben, doch wenn ich es dann in die Praxis umsetzen wollte, merkte ich, daß das noch überhaupt nicht der Fall war.

Eines Tages begleitete mich ein Freund auf einer Probefahrt und sagte mir genau dasselbe, was mein Fahrlehrer immer zu mir gesagt hatte, aber in anderen Worten, in anderen Bildern ... und plötzlich war mir klar, daß ich es begriffen hatte!

Im Klinikalltag mußte ich schon oft Erklärungen wiederholen, mußte ein und derselben Person bei verschiedenen Gelegenheiten die Dinge in immer wieder neuer Form erklären. Das macht mir nun nichts mehr aus, weil ich jetzt weiß, daß ich früher oder später die einleuchtendste Art finden werde, dieser bestimmten Person etwas zu erklären, und dann wird sich die Mühe gelohnt haben.

Deshalb sind einige Bücher zur Angst- und Streßbewältigung für manche Leute genau die richtigen, während für andere wieder ein anderer Ansatz wie geschaffen ist. Daher lautet meine Begründung dafür, daß ich noch ein weiteres Buch zu diesem Thema schreibe, ganz einfach, daß ich einen anderen Blickwinkel aufzeige – und zwar einen, der in Kliniksituationen an Leuten getestet wurde, die in unterschiedlichem Maße unter Angst und Streß zu leiden hatten – manche nur sehr leicht, wieder andere sehr stark. Was ist nun das Neue an meiner Methode?

Ich nehme an, Sie kennen viele Leute, denen gesagt wurde, sie sollten alles etwas leichter nehmen, ein bißchen langsamer treten, sich nicht länger überfordern – vielleicht wurde das ja auch Ihnen schon einmal gesagt. Meistens soll man gerade auf das verzichten, was einem am meisten Spaß macht. Ist es da verwunderlich, daß solche Ratschläge in der Regel nicht befolgt werden? Es sind viele Witze gemacht worden über den Ratschlag, daß Sie uralt werden können, wenn Sie Feste, Völlerei und andere Formen der Ausschweifung vermeiden – um dann vor Langeweile umzukommen!

Da die moderne Medizin nur allzu oft von dem Gedanken an die Lebensquantität besessen ist, vergißt sie darüber gerne die Lebensqualität. Francis Bacon, dieser große Staatsmann und Philosoph des ausgehenden 16. Jahrhunderts, bemerkte einmal: »Heile die Krankheit und töte den Patienten.«

Bei dem Ratschlag, der in der Fallgeschichte zu Beginn dieses Buches erteilt wurde, hatte man die psychologischen Faktoren übersehen. Wahrscheinlich hätte die Patientin genau die Dinge in ihrem Leben aufgeben sollen, die für sie das Leben erst lebenswert machten.

Ich hingegen behaupte: Falls Sie von Sorgen, Streß und Ängsten ge-
plagt werden, müssen Sie keineswegs das aufgeben, was Ihnen Spaß macht.

Sorgen, Streß und Ängste können tatsächlich körperliche Krankheiten hervorrufen. Doch wenn die Krankheit psychologische Ursachen hat,
dann muß auch die »Behandlung« eine psychologische sein. Auch wenn körperliche Folgesymptome, wie etwa Krebs oder Herzinfarkte, ärztlich behandelt werden, bleiben die psychologischen Ursachen oft bestehen. Die psycho-
logisch gesehen richtige »Behandlung« solcher Störungen ist nicht Langeweile oder gar Depression, denn darauf läuft die Befolgung solcher Ratschläge ja wohl meistens hinaus.

Über all die Jahre hinweg, in denen ich im Laufe meiner Arbeit mit
solchen Problemen konfrontiert wurde, habe ich ein ganzes Repertoire an
Behandlungsformen für alle Arten von Leuten mit ihren jeweils sehr unterschiedlichen Bedürfnissen zusammengetragen. Mein Ziel ist es, eine psycho-
logisch fundierte Methode darzustellen, mit deren Hilfe Streß, Sorgen und
Angst bewältigt werden können. Eine Methode, die für jeden nützlich sein
kann, ganz gleich, wie die jeweiligen Umstände aussehen mögen, und mit
der man nicht länger vor die doch sehr begrenzte Wahl zwischen einem lan-
gen oder einem glücklichen Leben gestellt wird. Mein Ziel ist es, einen Weg
aufzuzeigen, wie man beides haben kann!

Mit dieser Methode können Eltern ihren Kindern dazu verhelfen,
weniger angst- und streßanfällig zu sein als sie selbst.

»Worin besteht denn nun Ihr Trick?« werden Sie fragen.

Natürlich ist die Psychologie nicht in der Lage, irreversible körperliche Schäden, die bereits durch streßbedingte Störungen verursacht wurden, wieder zum Verschwinden zu bringen. Sie kann ein geschädigtes Herz
nicht wieder wie ein neues schlagen lassen. Dennoch kann sie in solchen Fällen dem Erkrankten dabei helfen, mit seinen körperlichen Einschränkungen
besser zurechtzukommen, um den Schaden nicht noch zu vergrößern.

Der zweite »Trick« ist, daß ein genußvoller und streßfreier Lebensstil nicht unbedingt schnell oder einfach zu erlangen ist. Geduld, guter Wille
und ein offener Geist sind die Grundbedingungen. Doch wenn diese Voraus-
setzungen gegeben sind, ist es nicht schwer.

Das Buch ist in zwei Teile gegliedert. Der erste Teil beschäftigt sich
mit Besorgtheit, Streß und Angst und versucht, diese Zustände zu erklären.
Auf diese Weise wird der Leser besser einschätzen können, was auf ihn oder
sie zutrifft. Als Hilfestellung gibt es im ersten Teil am Ende eines jeden Kapitels einen »Verständnistest«.

Im zweiten Teil werden die verschiedenen Methoden beschrieben, mit denen der Leser eine Veränderung herbeiführen kann, um ein besseres Leben zu führen. Am Ende eines jeden Kapitels finden Sie spezielle Übungsvorschläge für ein »Positives Leben«.

Es werden im ganzen Text reale Fallbeispiele erläutert, um das Ganze etwas interessanter zu machen und dem Leser zu zeigen, daß auch andere Leute ihre Probleme haben (die Namen der betroffenen Personen wurden geändert).

Dieses Buch möchte dem Leser einige Anregungen geben, wie er seinem Leben auf dieser Erde einen Sinn und eine Richtung geben kann. Es ist nützlich für jedermann.

In den modernen westlichen Gesellschaften ruft das Alltagsleben oft Streß hervor. Unser Lebensstil mag sich seit der Zeit, als wir noch in Höhlen wohnten, sehr geändert haben, aber unsere emotionalen Reaktionen sind die gleichen geblieben. Daher sind einige dieser Reaktionen heute unangemessen und können uns Probleme bereiten.

Um verstehen zu können, was bei uns falsch läuft, ist es nützlich, einen Blick auf den prähistorischen Menschen und auf unser wesentliches Instinktverhalten zu werfen, um einen Schlüssel zum Verständnis für den Ursprung unseres heutigen Verhaltens in der Hand zu haben. Erst wenn wir unser Verhalten und unsere Reaktionen wirklich verstehen, können wir sie ändern und sie so auf den neuesten Stand bringen, daß sie uns helfen, in der heutigen Welt zu überleben.

Sollten Ihnen meine Erklärungen manchmal allzu einfach oder sogar kindisch erscheinen, so möchte ich mich dafür nicht entschuldigen. Ich benutze oft mentale Bilder, da sich unser Verstand einfache Bilder in der Regel besser merken kann als irgendeine ausufernde Umschreibung.

Mit diesem Buch möchte ich Ihnen zeigen, wie Sie Ihrem Geist neue Denkgewohnheiten beibringen können. Das erreicht man am einfachsten, indem man Bilder vor ihm aufblitzen läßt, etwa so, wie man mit einem Diaprojektor Bilder auf eine Leinwand wirft. Im besten Falle wird jedes Bild, das Sie auf die Leinwand Ihres geistigen Auges projizieren, bereits eine besondere Bedeutung haben – wahrscheinlich wird es Ihnen ein größeres Gefühl der Kontrolle oder größere Ruhe geben.

Die einfachsten Wege sind oft die besten.

Wie sehen Sie das Leben?

Bevor Sie weiterlesen, sollten Sie zwei Tage bis eine Woche lang über alles, was Sie tun, Tagebuch führen. Ziel der Sache ist, daß Ihnen dabei deutlich wird, wie Sie Ihre Sicht der Welt am besten verändern können. Ab S. 100 wird man Sie bitten, sich dieses Tagebuch anzusehen und sich über Ihre Aufzeichnungen ein paar Gedanken zu machen.

Halten Sie in dem Tagebuch Ihre Gedanken und Gefühle zu den Dingen fest, die in dieser Periode Ihres Lebens passieren oder auch nicht. Dazu brauchen Sie nicht jede noch so kleine Einzelheit Ihres Alltags festzuhalten, schreiben Sie nur die Ereignisse auf, die mit den stärksten Gefühlen verbunden sind.

Hier ein frei erfundenes Beispiel für einen Tagebucheintrag von Pechmarie:

Freitag, 13. Mai

Heute lief aber auch gar nichts so, wie ich erwartet hatte! Als erstes hatte ich verschlafen. Dann beeilte ich mich sehr auf dem Weg zur Arbeit, weil ich zu spät dran war. Ich fuhr auf den Bürgersteig, um ein Auto zu überholen, das Ewigkeiten brauchte, um links abzubiegen. Ich war schon mit zwei Reifen auf der Bordsteinkante, als ich über eine zerbrochene Milchflasche fuhr. So ein Ärger! Die Leute sollten besser aufpassen mit solchen Dingen, es ist schon ekelhaft, wie sie ihren Müll überall rumschmeißen. Wie auch immer, die Glasscherben hatten meinen Vorderreifen zerstochen.

Ich hatte zwar im Kofferraum einen Wagenheber dabei, wollte ihn aber nicht herausholen, um mein Kleid nicht schmutzig zu machen. Ich stand eine Weile da und überlegte, was ich tun sollte. Ich dachte daran, den Abschleppdienst zu rufen, doch dann wurde mir klar, daß es Ewigkeiten brauchen würde, bis sie da wären, und dann wäre ich wirklich zu spät dran.

Natürlich machte sich keiner die Mühe, anzuhalten und mir zu helfen, das sind doch alles Egoisten! Am Ende versuchte ich dann doch, den Wagenheber herauszuholen und machte mir dabei eine Laufmasche in die Seidenstrümpfe. Jetzt würde ich wirklich fürchterlich aussehen, wenn ich bei meiner Arbeitsstelle ankommen würde, und noch dazu mit Verspätung.

Also ließ ich den Wagen einfach stehen und nahm den Bus. Von der Arbeit rief ich die Werkstatt an und bat darum, mir den Wagen zu bringen. Sie brachten ihn etwas später – zusammen mit der Rech-

nung. Um das Maß voll zu machen, war mittags in der Cafeteria das Curryragout aus. Dabei hätte ich gerade heute unglaublich Lust auf ein Curryragout gehabt. Ich mußte irgend so ein neuartiges Zeug essen, Lasagne oder so was. Nicht übel.

Als ich abends nach Hause kam, freute ich mich schon sehr auf ein heißes Bad, mußte aber feststellen, daß ich am Morgen den Boiler nicht angestellt hatte und das Wasser kalt war. Was für ein Unglück! Den nächsten Freitag, den 13. bleibe ich einfach im Bett!

Die Ursachen für Sorgen und negative Anspannung

═══ Furcht – Angst – Streß – Besorgtheit – Schuldgefühle

Mary, eine beleibte Dame älteren Jahrgangs, betrat mein Büro und ließ sich in dem Lehnstuhl neben meinem Schreibtisch nieder. Der Lehnstuhl stieß einen Seufzer aus, als sie darauf niedersank, nicht so Mary. Sie verharrte in steifer Haltung und starrte mir ins Gesicht.

Ihr Hausarzt hatte mich bereits brieflich unterrichtet, aber ich wollte wissen, was sie selbst als ihr Problem ansah, und fragte sie danach.

Sie sah mir fest in die Augen. »Ich mache mir Sorgen«, sagte sie.

»Aber worüber machen Sie sich Sorgen?«

»Über alles.«

»Was genau? Nennen Sie mir ein paar Beispiele.«

Mary dachte einen Augenblick nach. »Zum Beispiel über die Ehe meiner Tochter.«

»Ich verstehe. Und warum machen Sie sich Sorgen über die Ehe ihrer Tochter?«

Nun runzelte sie die Stirn, als könne sie nicht verstehen, wie man eine so unnötige Frage stellen könne. Dann fuhr sie fort, als spreche sie mit einem begriffsstutzigen kleinen Kind:

»Sie könnten sich wieder trennen oder sowas ähnliches.«

»Und wozu ist das gut, daß Sie sich Sorgen machen?« beharrte ich freundlich.

Jetzt schien es ihr wirklich die Sprache zu verschlagen. Sie dachte ein paar Sekunden lang angestrengt nach, doch offenbar fiel ihr darauf keine Antwort ein.

»Wird Ihr Problem denn dadurch gelöst, daß Sie sich Sorgen machen?« versuchte ich ihr auf die Sprünge zu helfen.

»Nein . . . aber . . .«

»Warum machen Sie sich dann Sorgen?«

Diese Frage war offenbar einfacher zu beantworten. Sie setzte sich gerade, verschränkte die Arme, blickte mir fest ins Auge und verkündete:

*»Ich muß mir Sorgen machen, um zu zeigen, daß ich mich küm-
mere!«*

Nach weiteren Fragen wurde deutlich, daß Mary sich durch ihr ewi-
ges Besorgtsein selbst ins Abseits gestellt hatte. Weil sie sich so viele Sorgen
machte und einen erhöhten Blutdruck bekam, hatte ihre Familie die einzige
Lösung darin gesehen, ihr mit Rücksicht auf ihre Gesundheit nichts mehr
von ihren Sorgen zu erzählen. Sie hingegen hatte – wie alle Menschen, die
sich gerne Sorgen machen – eine ausgeprägte Wahrnehmungsfähigkeit und
spürte, daß da etwas nicht stimmte. Die Taktik ihrer Familie hatte nur dazu
geführt, daß sie sich noch mehr Sorgen machte, weil sie jetzt nicht nur darüber grübelte, was das Problem sein könnte, sondern auch noch darüber, wie
sie ihre Familie dazu bringen könnte, ihr die Wahrheit zu sagen, wie auch
immer sie aussehen mochte!

Diese wahre Geschichte zeigt ganz deutlich verschiedene Punkte,
die für die Neigung, sich Sorgen zu machen, von Bedeutung sind, und ich
werde noch des öfteren darauf zurückkommen.

Sie werden sich vielleicht nicht unmittelbar in Mary wiedererken-
nen. Vielleicht sind Sie ja jung, schlank, männlich . . . Aber schon die Tatsache, daß Sie dieses Buch lesen, zeigt doch, daß Sie einiges mit ihr gemein haben, und mit Ihnen noch ein extrem hoher Prozentsatz der Bevölkerung in
der entwickelten Welt.

Heutzutage wird uns immer wieder gesagt, Sorgen und Streß seien
die wesentlichen Ursachen für körperliche Erkrankungen. Wenn man die
Leute befragt, zweifeln die wenigsten daran, daß Sorgen, Streß und ähnliche
Gefühle schlecht für uns sind. Alles in allem stimmt das auch.

Als die Menschen erschaffen wurden, wurde ihnen die Fähigkeit,
Angst zu empfinden, zu einem bestimmten Zweck verliehen. Ich hoffe, daß es
mir gelingen wird, Ihnen in diesem Kapitel den Unterschied zwischen
Furcht, Angst, Streß, Besorgtheit und Schuldgefühlen zu erklären. Im ganzen ersten Teil werde ich zu erklären versuchen, welche Rolle jede dieser
Emotionen in unserem heutigen Leben spielt, verglichen mit der Rolle, die
ihnen ursprünglich zugedacht war.

Im zweiten Teils des Buches werde ich verschiedene erprobte und
getestete Methoden beschreiben, wie Sie sich selbst dabei helfen können, jene Emotionen, die eher in der Natur als im modernen Leben eine Rolle spielen, in den Griff zu bekommen.

Bevor wir uns der Angst und ihrer verschiedenen Ausdrucksformen
zuwenden, wollen wir mit der Lösung beginnen, die von der Natur ersonnen
wurde, um sicherzustellen, daß wir uns nicht in Gefahr begeben – Furcht.

Furcht

Furcht ist das unangenehme Gefühl, das wir empfinden, wenn wir bedroht sind. Bei fast allen Lebewesen ist eine Reaktionsform beobachtet worden, die als Furcht gedeutet werden kann.

Denken Sie einen Moment darüber nach. Falls Sie eine Katze haben, können Sie erkennen, wann sie Furcht hat? Können Sie merken, wann Ihr Kind sich fürchtet? Natürlich können Sie das. Und zweifellos merken Sie auch, wann Sie selbst Furcht haben.

Furcht kann auf verschiedene Weise ausgedrückt werden, aber wenn man sie richtig einsetzt, besteht ihre wesentliche Funktion darin, Leben zu retten. Beachten Sie, daß ich sagte: wenn man sie »richtig einsetzt«. Im Gegensatz zu anderen Lebewesen hat der Mensch die Fähigkeit des Furchtmißbrauchs entwickelt. Besorgtheit, Streß, Angst, Bangigkeit und viele ähnliche Gefühle sind allesamt Variationen der Furcht als Grundreaktion.

Um verstehen zu können, auf welche Weise wir mit der Furcht Mißbrauch treiben, wollen wir uns zunächst ihre eigentliche lebensrettende Funktion ansehen . . . Wenn unser Gehirn Furcht signalisiert, hat das ganz bestimmte körperliche Reaktionen zur Folge. Zunächst wird der Herzschlag schneller und kräftiger, damit der Sauerstoff im Blut schneller im ganzen Körper verteilt werden kann. Die Blutzufuhr zur Haut wird zeitweilig unterbrochen, es fließt statt dessen in die Muskeln und ins Gehirn, wo es für die zusätzliche Anstrengung benötigt wird. Dadurch wird die Haut bleicher – das Gesicht wird weiß, was wir immer mit Furcht assoziieren. Die Atmung wird tiefer, um größere Mengen an Sauerstoff aufnehmen zu können, die für die anderen Funktionen benötigt werden. Daher haben Leute, die sich fürchten, das Gefühl, sie müßten »nach Luft schnappen«.

Während dieser beobachtbaren Vorgänge gehen im Körper noch andere, unsichtbare Reaktionen vor sich. Zum Beispiel gibt die Leber Zucker für die Muskeltätigkeit ab. Die Gerinnungsneigung des Blutes wird größer.

Warum laufen all diese physiologischen Reaktionen ab? Warum braucht der Körper plötzlich diesen zusätzlichen Sauerstoff, den Zucker für die Muskeln und so weiter?

Wenn wir uns in etwas primitivere Zeiten zurückversetzen, liegt die Antwort auf der Hand. Wenn der Mensch der Vorgeschichte vor einem riesigen, behaarten Mammut stand, mußte er sich für eine von zwei Möglichkeiten entscheiden. Er konnte entweder wegrennen (Flucht) oder seinen Mann stehen und versuchen, sich zu verteidigen (Kampf). In beiden Fällen mußte er eine größere körperliche Anstrengung vollbringen.

Schon beim ersten Anblick des Mammuts erhielt sein Gehirn die Botschaft, daß er Furcht hatte. Das Gehirn beantwortete diese Botschaft damit, daß es den Körper auf eine körperliche Handlung, auf Flucht oder Kampf, vorbereitete – und das tut es heute noch (siehe Abb. 1).

Diese Reaktion auf Furcht wurde Alarm-Reaktion genannt – als Bezeichnung für die Art und Weise, wie wir auf ein unvorhergesehenes Ereignis reagieren. Da wir jedoch im modernen Leben nur selten von einem Mammut angegriffen werden, ist diese körperliche Reaktion auf Furcht meist unnötig oder aber sie erfolgt zu spät.

Sind Sie schon einmal knapp einem Unfall entkommen und haben dann festgestellt, daß sich bei Ihnen kurz darauf sämtliche Symptome für die Flucht- oder Kampfreaktion eingestellt haben? Haben Sie schon einmal beim Staubwischen ums Haar einen wertvollen Gegenstand heruntergeschmissen, ganz automatisch reagiert und ihn noch im Fall aufgefangen und mußten sich dann hinsetzen, weil Ihr Herz wie wild raste? Sind Sie schon einmal, ohne sich umzuschauen, auf die Straße gelaufen und konnten gerade noch zurückspringen, bevor ein Bus Sie überrollt hätte, und standen dann keuchend und mit pochendem Herzen da?

Dann wird es Ihnen nicht schwerfallen zu verstehen, welchen Zweck diese körperliche Angstreaktion angesichts einer unmittelbaren Gefahr für die Evolution darstellte. In den drei soeben geschilderten Beispielen erfolgte die Reaktion auf Gefahr automatisch, das heißt, sie war nicht geplant. Es geschah ganz instinktiv. Damit der Körper so schnell reagieren konnte, mußte er zunächst vom Gehirn in Bewegung gesetzt werden.

Diese Art der Reaktion funktioniert *unter den richtigen Umständen* bei den meisten von uns gut. Im modernen Leben ist jedoch die Fluchtreaktion nur selten möglich. Wir können nicht immer vor dem, wovor wir uns fürchten, einfach wegrennen. Wenn das Bedürfnis davonzulaufen aus irgendeinem Grunde blockiert oder verhindert wird, dann schlägt die Furcht oft in Aggression um. Die meisten Tiere werden, wenn sie Furcht haben, sich zunächst für die Flucht entscheiden. Wenn das nicht möglich ist, gehen sie zum Kampf über. Denken Sie an Ihre Katzen, falls Sie welche haben. Würden sie nicht lieber vor der Gefahr davonlaufen, wenn sie es könnten?

Falls Sie Kinder haben, ist es schon einmal vorgekommen, daß Sie eines Ihrer Kinder, nachdem es gerade noch einmal glücklich einer schweren Verletzung entgangen ist, wütend angeschrieen haben?

Eines Tages stand ich mit meinem Kindern an einer Kreuzung und wartete darauf, daß die Ampel auf grün sprang. Ich nahm an, meine Kinder würden dasselbe tun, da ich es ihnen von klein auf eingetrichtert hatte. Ein

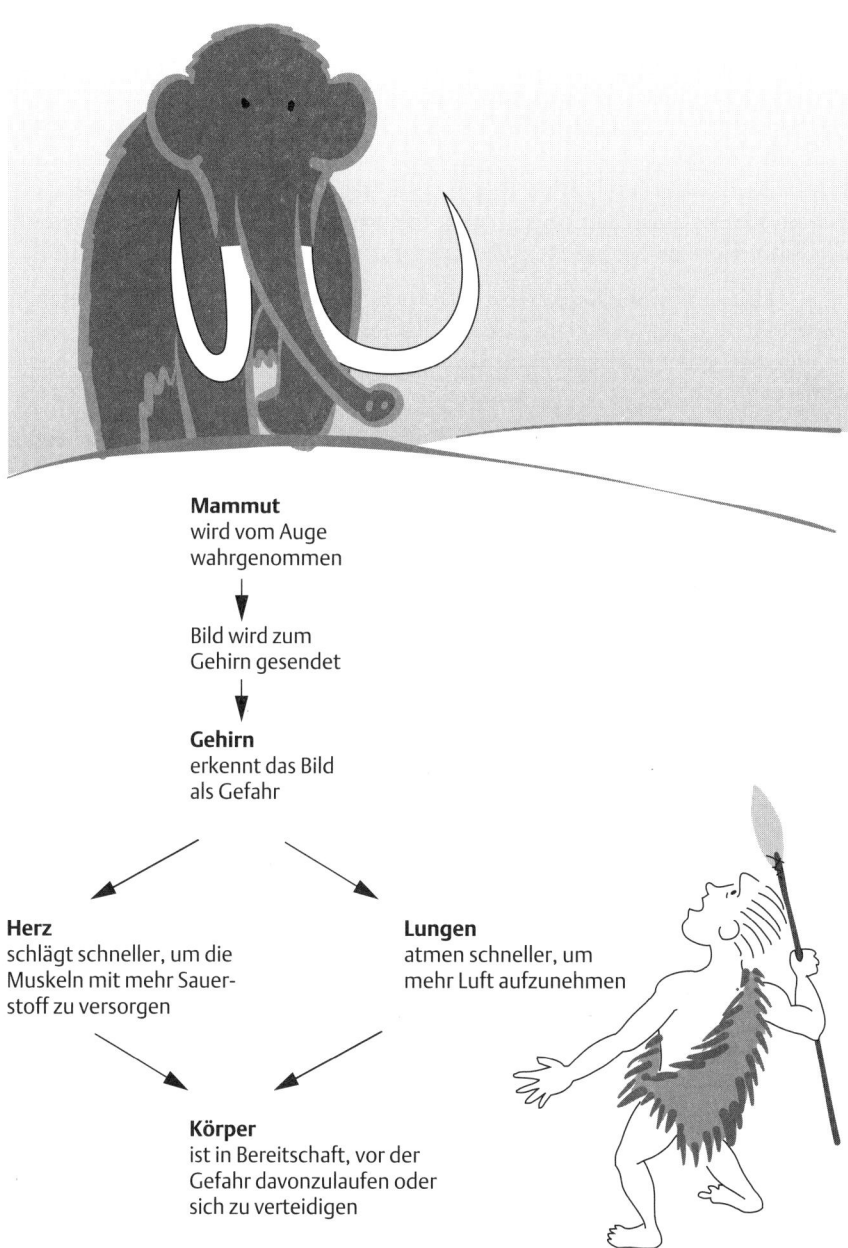

Mammut
wird vom Auge
wahrgenommen

Bild wird zum
Gehirn gesendet

Gehirn
erkennt das Bild
als Gefahr

Herz
schlägt schneller, um die
Muskeln mit mehr Sauer-
stoff zu versorgen

Lungen
atmen schneller, um
mehr Luft aufzunehmen

Körper
ist in Bereitschaft, vor der
Gefahr davonzulaufen oder
sich zu verteidigen

Abb. 1   Die Instinktreaktion des Menschen auf Gefahr

Mann ging in großer Eile auf die Kreuzung zu und überquerte die Straße, wobei er geschickt dem Verkehr auswich. Eines meiner Kinder dachte, der Mann habe die Kreuzung überquert, weil die Ampel auf grün gesprungen sei – und lief ohne zu schauen auf die Straße. Ich sah, wie mein Sohn loslief, und als ich nur den Bruchteil einer Sekunde aufschaute, sah ich ein Auto auf ihn zurasen. Zum Glück hatte auch er es rechtzeitig bemerkt und lief schnell zurück, um sich in Sicherheit zu bringen. Ich schimpfte ihn dann wütend aus, wobei mein Herz heftig pochte. Das Kind war völlig verschreckt und weinte.

Hinter meiner Reaktion stand nicht die Absicht, ihn zu bestrafen. Es war lediglich meine eigene Furchtreaktion, die ausgelöst wurde, als ich die Gefahr gesehen hatte, und die nun in Aggression umschlug, weil ich mir Luft machen mußte.

Furcht ist folglich die Reaktion, die angesichts einer unmittelbaren Gefahr vom Gehirn ausgelöst wird, und die der Körper dadurch beantwortet, daß er sich auf Flucht oder Kampf vorbereitet. Wenn das Gehirn signalisiert, daß die Gefahr vorüber ist, stellt sich der Körper wieder auf den Normalzustand um. Durch die körperliche Aktion, also durch Flucht oder Kampf, wurde der Vorrat im Körper verbraucht, der durch die erhöhte Sauerstoffzufuhr, die Blutzirkulation und andere chemische Reaktionen angelegt wurde.

»Moment mal« höre ich Sie sagen. »Was ist, wenn wir gar nicht mit Weglaufen oder Kämpfen auf die Furcht reagiert haben, und wenn wir unseren Gefühlen nicht in Aggression Luft gemacht haben?« Ein guter Einwand, und ein sehr wichtiger. Ich werde später in diesem Kapitel darauf zurückkommen.

Angst

Zunächst sollten wir noch eine dritte Möglichkeit ins Auge fassen, wie man auf Furcht reagieren kann – nämlich mit »Erstarren«. Ein verschrecktes Tier bewegt sich manchmal überhaupt nicht mehr. Es verharrt in völliger Reglosigkeit.

Dieser Reaktionstyp scheint dann aufzutreten, wenn sich das Tier nicht ganz sicher ist, um was für eine Art von Gefahr es sich handelt. Es verhält sich so, als wolle es Zeit verstreichen lassen, vielleicht in der Hoffnung, daß die Gefahr vorüberzieht. Weil die Bedrohung weniger unmittelbar ist, ist sofortiges Handeln nicht notwendig.

Ein Kaninchen, daß sich gerade nachts im Feld eines Bauern das Karottenkraut schmecken läßt, nimmt in der Ferne eine Eule wahr. Das Kaninchen wird nicht weglaufen, bevor es sich nicht ganz sicher ist, daß die Eule es gesehen hat. Statt dessen verharrt es reglos, als wolle es nicht die Aufmerksamkeit auf sich ziehen, in der Hoffnung, daß die Eule etwas anderes zum Fressen finden wird.

In unserer modernen Welt sind die meisten Bedrohungen, denen wir begegnen, von dieser Art – es sind ursprünglich eher psychische als körperliche Bedrohungen. Es handelt sich eher um Furcht vor dem, was geschehen *könnte*, als vor etwas, das wirklich passiert.

Obwohl ein Auto eine körperliche Bedrohung darstellt, wissen wir, daß es uns, im Gegensatz zu einem Mammut, keinen Schaden zufügen wird, solange wir ihm aus dem Weg gehen. Obwohl es zu unvorhersehbaren Zusammenstößen mit Autos kommen kann, rufen Autos in der Regel *vor* dem Ereignis keine Angst hervor, weil die Zusammenstöße *unvorhersehbar* sind. (Von dieser Regel sind jene Menschen ausgenommen, die aufgrund unvorhersehbarer Ereignisse Phobien entwickelt haben, doch darauf werde ich später zu sprechen kommen.)

Alles in allem ist Angst also ein Gefühl, das von einer vorhersehbaren Bedrohung ausgelöst wird und mit dem sich das Individuum darauf vorbereitet, der Bedrohung zu begegnen. Was die meisten Menschen empfinden, wenn sie vor dem Prüfungszimmer warten, ist Angst – sie haben Angst, weil sie sich fragen, ob sie auch alles wissen oder sich an das Nötige erinnern werden.

Das ist nur ein Beispiel von vielen. Wir können uns noch mit anderen Ängsten plagen, die allesamt mit der Sorge über die Zukunft zu tun haben – das kann von der Befürchtung, wir könnten im nächsten Jahr vielleicht keine Arbeit mehr haben, bis zu der bangen Frage reichen, was wohl die anderen über uns denken werden, wenn wir für die nächste gesellschaftliche Veranstaltung aus Versehen nicht das Richtige anziehen.

Obwohl das Gefühl eher Angst als Furcht ist, reagiert der Körper auf beide Gefühle ähnlich. Wenn die Angst steigt, werden die körperlichen Symptome stärker. Wenn die Bedrohung recht schnell real wird und vorübergeht, geht das Gefühl der Angst genauso zurück wie die Furcht. Und doch werden, genau wie bei der Furcht, die körperlichen Vorbereitungen meist nicht genutzt.

Diese Art von Angst hat einen Anfang und ein Ende. Es beginnt damit, daß sich die Person des nahe bevorstehenden, unangenehmen Ereignisses bewußt wird, und sollte enden, wenn das Ereignis vorüber ist. In vielen Fällen ist diese Art von Angst nützlich für uns, wie ich im folgenden Kapitel erläutern werde.

Streß

Dann gibt es noch den Streß. Streß ist eine Art von endlosem Angstzustand. Hans Selye erläuterte den Streßmechanismus anhand der Begriffe des von ihm so genannten Allgemeinen Anpassungs-Syndroms (A.A.S.). Dieses weist drei Stadien auf.

Das erste Stadium ist Alarm. In diesem Stadium reagieren Körper und Geist auf eine Bedrohung in der gleichen Weise wie bei der Furcht. Beim Streß hingegen geht die Bedrohung nicht vorüber, so daß die Alarmreaktion anhält. Die Auswirkungen auf den Körper können mit der Situation eines Autofahrers verglichen werden, der an der Ampel steht und die Kupplung schon so weit losgelassen hat, daß er sofort durchstarten kann, sobald die Ampel auf Grün springt. Wenn es grün wird, ist die Bedrohung vorbei, und der Wagen kann erleichtert losschnellen. Wenn die Ampel jedoch auf Rot stehenbleibt, läuft der Wagen weiter auf Hochtouren, fährt aber nirgendwohin. Möglicherweise verschleißt sich die Kupplung, und der Motor geht dabei drauf. Ein ähnlicher Prozeß läuft im Menschen ab, wenn er endlosem Streß ausgeliefert ist.

Das zweite Stadium des A.A.S. ist Widerstand. Da sich der Körper unausgesetzt in einem Zustand der Furcht befindet, reagiert er mit Ermüdungserscheinungen. Um seinen Energiepegel zu halten, schaltet der Körper andere Systeme zeitweilig aus, um keine Ressourcen zu vergeuden. Zum Beispiel wird oftmals der Sexual- oder Fortpflanzungstrieb ausgeschaltet.

Wenn Menschen unter Streß stehen, verlieren sie häufig ihr Interesse am Sex. Bei Frauen kann die Periode ausbleiben oder sehr unregelmäßig werden. Bei Männern läßt oftmals die Spermaproduktion nach. Bekanntlich werden Menschen, die unbedingt ein Kind haben wollen, oft unfruchtbar, nur weil sie es sich so stark wünschen. Es ist schon oft vorgekommen, daß ein kinderloses Paar ein Kind adoptiert hat und die Frau anschließend schwanger wurde.

Das letzte Stadium ist Erschöpfung. Wenn der Streß unvermindert anhält, gelangt der Körper an einen Punkt, an dem er selbst mit gedrosselter Kraft nicht mehr in der Lage ist zu funktionieren, und dann folgt der totale Zusammenbruch. Das kann ein körperlicher oder ein geistiger Zusammenbruch sein – oft in Form eines akuten Angstzustandes oder einer Depression. Das ist dann der berühmte »Nervenzusammenbruch«.

Besorgtheit

Nun möchte ich mich dem dritten Reaktionstyp zuwenden – dem Grübeln oder der Besorgtheit.

Marys Sorgen zu Beginn dieses Kapitels sind hierfür ein typisches Fallbeispiel. Wir machen uns Sorgen, wenn wir ängstlich einem Ereignis oder dem Ausgang einer Sache entgegensehen, auf die wir keinen Einfluß haben. Die Wurzeln der Besorgtheit liegen meist in dem Versuch, etwas oder jemanden in unserer Welt zu kontrollieren. Wenn wir zum Beispiel darüber nachgrübeln, wie wir einen schwierigen Arbeitskollegen dazu bringen können, auch wirklich das zu tun, was wir ihm aufgetragen hatten, oder wenn wir einen Teenager dazu bringen wollen, sich so zu kleiden, wie wir es für richtig halten, oder wenn wir einen starrsinnigen älteren Verwandten dazu bringen wollen, zu seinem Besten seine Lebensweise zu ändern . . .

Besorgtheit wird vom Laien oft als ein anderer Ausdruck für Angst angesehen, und in vielen Fällen ist das richtig. Ich persönlich ziehe es vor, das Wort »Sorge« nur für die Art von Angst zu verwenden, die keinem nützlichen Zweck dient. »Falls du dir darüber keine Sorgen machst, dann wird's aber langsam Zeit.« Wurde das als Kind schon mal zu Ihnen gesagt – von einem Elternteil oder einem Lehrer? Haben Sie sich schon einmal selbst bei diesen Worten ertappt?

Nach meiner Erfahrung werden sie meist als Drohung eingesetzt. Wenn etwa in der Schule die Prüfungen näherrücken und ein Kind schlechte Noten nach Hause bringt, ermahnt man es auf diese Weise. Wirklich damit gemeint ist, daß es sich anstrengen soll, weil es sonst die Prüfung nicht bestehen wird. Was der Lehrer eigentlich sagen will, ist: »Na los, streng dich an!« Zu sagen, man solle »sich Sorgen machen« ist genauso unnötig wie die Sorgen. Sie müssen sich anstrengen, um eine Prüfung gut zu bestehen, aber für diese Anstrengung ist die Sorge überflüssig.

Im manchen Fällen ist das Besorgtsein vergleichbar mit der an Tieren beobachteten Reaktion auf eine Gefahr – sie erstarren. Ich habe Menschen gekannt, die sich so sehr in ihre Sorgen über das, was passieren könnte, verrannt hatten, daß sie nicht mehr die Kraft aufbrachten, das zu tun, was sie hätten tun müssen (mehr darüber später).

Abb. 2 auf der nächsten Seite soll Ihnen die Unterschiede zwischen den Ursachen für jede Reaktion und den zugrundeliegenden Gefühlen und Gedanken verdeutlichen.

Abb. 2   Zusammenhang zwischen Situationen und den jeweils zugrundeliegenden Gedanken und Gefühlen

Schuldgefühle

Schuldgefühle sind Nachwehen. Sie treten erst dann auf, wenn das Ereignis vorbei ist. Sie überfallen uns, wenn wir uns an etwas erinnern, das wir getan haben und uns wünschten, wir hätten es anders getan, oder wenn wir an etwas denken, das wir hätten tun sollen, aber nicht getan haben. Tiefe Schuldgefühle können ähnliche Symptome hervorrufen wie starke Angst.

Während Furcht und Angst sich ähnlich sind, weil sie beide Kurzzeiterfahrungen darstellen, sind Sorgen, Schuldgefühle und Streß deren Langzeitentsprechungen. Meiner Ansicht nach unterscheiden sich Sorgen und Streß nur insofern, als die Ursachen für die Sorgen so beschaffen sind, daß der sich sorgende Mensch keinen Einfluß auf sie hat.

Auf alle fünf reagiert der Körper mit physiologischen Veränderungen. Im Fall von Furcht und Angst gehen sie in der Regel zurück, sobald die Gefahr vorüber ist, und verursachen keinen dauerhaften Schaden. Da die körperlichen Reaktionen den Zweck haben, körperliches Handeln zu ermöglichen, gehen Furcht und Angst oft schneller zurück, wenn die Person sie in irgendeiner Form in körperliche Bewegung umsetzt – wie etwa Wegrennen.

Die Folgen von Besorgtheit, Streß und Schuldgefühlen sind ernster. Einmal abgesehen vom Nervenzusammenbruch, können die verschiedenen chemischen Veränderungen, die während eines lange andauernden Angstzustandes im Körper vor sich gehen, zu unterschiedlichen körperlichen Erkrankungen wie Geschwüren und Herzinfarkten führen. Aus diesem Grund werden solche Krankheitsbilder oft als »streßbedingte Krankheiten« bezeichnet.

Streß und Sorgen sind im modernen Leben keineswegs unvermeidbar, wie manche Leute uns das gerne glauben machen würden. Sie sind weniger ein Produkt des modernen Lebensstils, als vielmehr ein Produkt der modernen Denkart.

Es ist möglich, sich an das moderne Leben anzupassen und dabei auch noch zu überleben. Unsere Vorfahren haben sich ihr Leben mit Sicherheit so eingerichtet, daß sie der körperlichen Bedrohung durch umherstreunende Tiere möglichst aus dem Wege gingen. Hätten sie das nicht getan, wären sie ausgelöscht worden. Und so müssen auch wir unser Leben so einrichten, daß wir psychischen Bedrohungen aus dem Wege gehen, wenn wir überleben und das Leben genießen wollen.

Zusammenfassung

Bevor wir mit dem nächsten Kapitel fortfahren, wollen wir noch einmal einen Blick auf unsere Definitionen werfen.

Furcht: die Überlebensreaktion des Körpers auf eine unmittelbare Bedrohung.

Angst: die Reaktion von Geist und Körper auf eine weniger unmittelbare Bedrohung, die jedoch von der Person beseitigt werden kann.

Streß: endloser Zustand der Anspannung oder Besorgtheit, auf den Körper und Geist auch weiterhin reagieren, da die Ursache nicht beseitigt wurde.

Besorgtheit: die gleiche Reaktion wie bei der Angst, mit dem Unterschied, daß die Person auf die Bedrohung keinen Einfluß nehmen kann.

Schuldgefühle: die gleiche Reaktion wie bei der Angst, es wird jedoch auf ein vergangenes Ereignis reagiert.

Die Definitionen, die wir in diesem Kapitel für Furcht, Angst, Streß, Besorgtheit und Schuldgefühle gegeben haben, sind allesamt meine eigenen. Sie werden feststellen, daß diese Begriffe in anderen Büchern wieder auf eine andere Art verwendet werden. Aber die Worte selbst sind hier nicht wirklich von Bedeutung, sie sind nur Mittel zum Zweck.

Mein Anliegen ist es, Ihnen dabei zu helfen, die Unterschiede zwischen den Ursachen für jede Reaktion zu verstehen und zu begreifen, welche Gefühle und Gedanken ihnen zugrunde liegen. Ärgern Sie sich nicht, falls Sie jetzt ein wenig verwirrt sind – dieses Buch soll Sie dahin bringen, daß Sie es am Ende verstehen. Abbildung 2 auf Seite 22 wird Ihnen die Unterschiede noch einmal verdeutlichen. Ich habe dort Trog, den Höhlenmenschen, in bestimmten Situationen dargestellt, seine jeweiligen Gedanken aufgezeigt und sie entsprechend eingeordnet.

Erster Verständnistest

Falls Sie möchten, können Sie jetzt Ihr Verständnis testen, indem Sie die folgenden Beschreibungen lesen und versuchen, die Gefühle, die dabei jeweils im Spiel sind, einzuordnen. Handelt es sich im einzelnen Fall um Furcht, Angst, Streß, Besorgtheit oder Schuldgefühle? Die Antworten und Erklärungen finden Sie im Anhang auf S. 131 f.

1. Sie müssen morgen ein Examen schreiben, dessen Ergebnis für Sie sehr entscheidend ist. Sie sind aufgeregt und können nicht zur Ruhe kommen. Sie wollen sich entspannen und versuchen fernzusehen, aber sie können sich nicht auf die Sendungen konzentrieren . . .
   Handelt es sich um Furcht / Angst / Streß / Besorgtheit / Schuldgefühle?

2. Ihre Tochter wird morgen ihre Führerscheinprüfung ablegen. Sie machen Ihre Arbeit, so gut Sie können, fühlen sich aber innerlich aufgewühlt und wünschten, Sie könnten für Ihre Tochter in die Prüfung gehen.
   Handelt es sich um Furcht / Angst / Streß / Besorgtheit / Schuldgefühle?

3. Sie haben Höhenangst. Sie sehen eine Fernsehsendung, in der Held und Bösewicht am Rande einer Klippe miteinander kämpfen. Ihnen stehen die Haare zu Berge, Sie zwicken sich in den Arm, und Ihr Herz schlägt schneller . . .
   Handelt es sich um Furcht / Angst / Streß / Besorgtheit / Schuldgefühle?

4. Ihr Ehemann teilt Ihnen mit, daß man ihn unter Umständen in drei Monaten entlassen wird. Obwohl noch nichts entschieden ist, geht Ihnen der Gedanken nicht mehr aus dem Kopf. Sie fragen sich die ganze Zeit, ob das Arbeitslosengeld wohl ausreichen wird, um Ihre laufenden Kosten zu decken. Sie sind nicht mehr fähig, irgend etwas Positives zu tun, Ihr Kurzzeitgedächtnis wird so unzuver-

lässig, daß Sie sogar Dinge in den Geschäften liegenlassen usw.

Handelt es sich um Furcht / Angst / Streß / Besorgtheit / Schuldgefühle?

5. Sie haben gerade beim Einparken das Auto hinter Ihnen gerammt. Als Sie den Schaden betrachten, sehen Sie plötzlich einen Mann, wahrscheinlich den Besitzer des Wagens, der mit einem nicht sehr freundlichen Gesichtsausdruck auf Sie zugeht. Ihr Herz schlägt schneller, Sie bekommen einen trockenen Mund . . .

    Handelt es sich um Furcht / Angst / Streß / Besorgtheit / Schuldgefühle?

6. Sie hatten gestern auf der Arbeit einen üblen Streit mit einem Kollegen. Als alle nach Hause gegangen waren, stellten Sie fest, daß Sie doch unrecht hatten. Sie wollen sich am nächsten Tag entschuldigen. Am nächsten Morgen aber erfahren Sie, daß der Kollege, bei dem Sie sich entschuldigen wollten, in der Nacht an einem Herzinfarkt gestorben ist. Im Laufe der nächsten Wochen fühlen Sie sich immer unwohler, sind unfähig, Entscheidungen zu fällen oder sich zu konzentrieren . . .

    Handelt es sich um Furcht / Angst / Streß / Besorgtheit / Schuldgefühle?

≡ Wachdienst

Im vorangegangen Kapitel versuchte ich, die Körperreaktionen auf Angstgefühle zu erklären. Jetzt wollen wir uns ansehen, welche Rolle das Gehirn dabei spielt. Wie und warum genau schlagen unsere Gedanken in Angst oder Furcht um?

Professor Jeffrey Gray hat sich eine sehr gute Erklärung einfallen lassen, die auf dem von ihm so genannten System der Verhaltenshemmung basiert. Die ganze Theorie ist recht komplex. Doch während meiner Tätigkeit in der Klinik stellte ich fest, daß meine vereinfachte Version außerordentlich nützlich ist, um Patienten zu erklären, wie ihre Ängste zustandekommen. Ich nenne es den »Wachdienst«, und Sie werden gleich sehen, warum.

Wie kommt es?

- Falls Sie an einer stark befahrenen Hauptstraße wohnen, warum hindert der Verkehr Sie dann nachts nicht am Schlafen, während Ihre Gäste unter Umständen kein Auge zutun?
- Falls Sie gewohnt sind, in Städten zu schlafen, wieso können Sie dann in einer friedlichen Gegend auf dem Land nicht einschlafen?
- Fühlen Sie sich oft ein wenig unwohl, wenn Sie andere Kleidung als gewöhnlich tragen müssen?

Sie werden sagen, die Antwort auf all diese Fragen ist: »Das hängt davon ab, was man gewohnt ist.« Und Sie haben recht damit. Aber inwiefern hat es Auswirkungen auf uns, wenn wir etwas nicht gewohnt sind? Was geht dabei eigentlich in unseren Köpfen vor? In diesem Zusammenhang erzähle ich gerne etwas, das mir als Teenager passiert ist.

Damals mochte ich Popmusik sehr gern, hörte mir aber nie klassische Musik an. Ich hörte vielleicht gelegentlich ein leichtes klassisches Stück im Radio, und mein Klavierlehrer brachte mir ab und zu ein Klavierstück von Beethoven bei, das war aber auch schon alles.

Doch in meiner Schule gab es ein paar Mädchen, die aus einer Musikerfamilie kamen oder Eltern hatten, die ihnen von früher Kindheit an klassische Musik nahegebracht hatten. Mir wurde schon bald klar, daß Kenntnisse in klassischer Musik an meiner Schule sehr geschätzt wurden, und da ich auch anerkannt sein wollte, begann ich, meinen Geschmack zu bilden. An manchen Abenden, wenn meine Eltern ausgegangen waren, machte ich die Popmusik aus, die ich gewöhnlich im Hintergrund laufen ließ, und legte statt dessen eine Klassikplatte auf. Ich versuchte dann, dem Stück genau zu folgen, wie wir es in der Schule gelernt hatten.

Das machte auch eine Stunde oder länger Spaß, aber dann beschlich mich allmählich ein merkwürdiges Gefühl von »Fremdheit«. Heute weiß ich, daß diese »Fremdheitsgefühle« in Wirklichkeit Ängste waren.

Wenn mich dieses Gefühl überkam, mußte ich die klassische Musik ausmachen. Ich legte dann statt dessen meine Lieblings-Popmusik auf und sang etwa zehn Minuten lang mit, und danach fühlte ich mich wieder »normal«.

Es war nicht weiter verwunderlich, daß ich das Experiment nicht sofort wiederholen wollte, da ich beim Abspielen der Klassikplatten meist dieses unangenehme »Fremdheitsgefühl« verspürte, und so dauerte es gewöhnlich ein paar Monate, bis ich den nächsten Versuch unternahm! Erst später, als ich erwachsen war und mich im Zusammenhang mit dem »Wachposten« in meinem Kopf wieder an diese Abende erinnerte, ergaben sie schließlich einen Sinn.

Wir haben alle einen »Wachposten« in unserem Kopf, der wie die echten Wachposten vor dem Buckingham Palast dort aufgestellt wurde, um Wache zu halten. Wenn alles glatt und normal läuft, steht der Wachposten still und zurückhaltend auf seinem Platz, beobachtet alles, tut aber nichts. Nur wenn etwas Ungewöhnliches oder potentiell Gefährliches geschieht, setzt der Wachposten sich in Bewegung.

Der »Wachposten« in unseren Köpfen arbeitet in vielerlei Hinsicht auf die gleiche Weise. Wenn wir wach sind, wird von unseren Sinnen unaufhörlich eine Unmenge an Information aufgenommen, über den Tastsinn, den Geruchssinn, den Geschmackssinn, den Gehör- und den Gesichtssinn. Während Sie zum Beispiel diesen Text lesen, konzentrieren Sie sich zweifelsohne hauptsächlich auf das, was Ihre Augen beim Lesen der Worte auf dieser Seite aufnehmen. Ihnen ist – zumindest bis zu dem Augenblick, da ich Sie darauf hinweise – nicht bewußt, wie sich das Buch in Ihrer Hand anfühlt, wie sich die Kleider auf Ihrer Haut anfühlen, welchen Geschmack Sie im Mund haben, wie es im Zimmer riecht – es sei denn, Sie sind vielleicht hungrig und stellen fest, daß aus der Küche ein herrlicher Essensgeruch zu Ihnen herüberweht, aber in dem Fall konzentrieren Sie sich wahrscheinlich gar nicht auf das, was Sie lesen!

Sie sehen also, daß wir nur der Information bewußt Aufmerksamkeit schenken, die von einem einzigen unserer Sinne gespeist wird, es sei denn, wir bemühten uns ausdrücklich, auch auf die anderen Sinne zu achten. Daß wir aus unserer bewußten Wahrnehmung diejenige Information, die wir in dieser Zeit nicht wirklich brauchen, ausschalten, ist beabsichtigt.

Es befähigt uns dazu, uns mit der ganzen Verstandeskraft auf das zu konzentrieren, was für uns in diesem Augenblick am wichtigsten ist.

Wenn uns eine neue Information erreicht, während wir uns auf etwas ganz anderes konzentrieren, nennen wir das eine Ablenkung. Gelegentlich ignorieren wir einfach die unerwünschte zusätzliche Information. Ein andermal schließen wir sie willentlich aus. Haben Sie zum Beispiel schon einmal die Augen geschlossen, um etwas besser hören zu können? Ist Ihnen schon aufgefallen, wie oft Menschen ihre Augen schließen, wenn ihnen etwas besonders gut schmeckt oder wenn sie etwas Besonderes anfassen? Unter normalen Umständen nimmt unsere bewußte Wahrnehmung die Information auf, auf die wir uns gerade konzentrieren, und ignoriert alles Übrige. Dennoch wird der Rest von einem anderen Teil unseres Gehirns aufgenommen – dem Wachposten.

Wie der Wachposten arbeitet

Stellen Sie sich vor, Sie sind völlig gefesselt von einem Film im Fernsehen. Und zwar so sehr gefesselt, daß Sie es nicht bewußt mitbekommen, wenn ein Mitglied Ihrer Familie Sie fragt, ob Sie gerne Schokolade hätten. Wenn aber die Katze in der Küche mit Getöse einen Stapel Schüsseln umwirft, dann schauen Sie sofort auf. Das ist die Arbeit Ihres diensthabenden Wachpostens.

Es ist Aufgabe des Wachpostens in Ihrem Kopf aufzupassen und die ganzen Informationen zu überwachen, mit denen jene Sinne gespeist werden, denen Sie nicht Ihre bewußte Aufmerksamkeit zuwenden. Das ist wichtig für das Überleben unserer Gattung.

Denken Sie an Trog, den Höhlenmenschen. Stellen Sie sich vor, Trog ist zur Jagd gegangen und ist völlig in den Anblick einer schönen Höhlenfrau versunken, die in einem Fluß badet. Hätte er keinen diensthabenden Wachposten in seinem Kopf, könnte er alles um sich herum so sehr vergessen, daß er das behaarte Mammut, das sich ihm von hinten naht, gar nicht bemerken würde.

Doch Trog wird von seinem Wachposten gerettet. Er nimmt die Bewegung des sich nähernden Mammuts wahr, und ebenso wie Ihr Wachposten Sie wegen dem Getöse, das die Katze in der Küche veranstaltet, alarmieren würde, wird Trogs Wachposten dessen Gedanken von der Höhlenfrau ablenken, damit er sich auf die Gefahr konzentriert (siehe Abb. 3, S. 30).

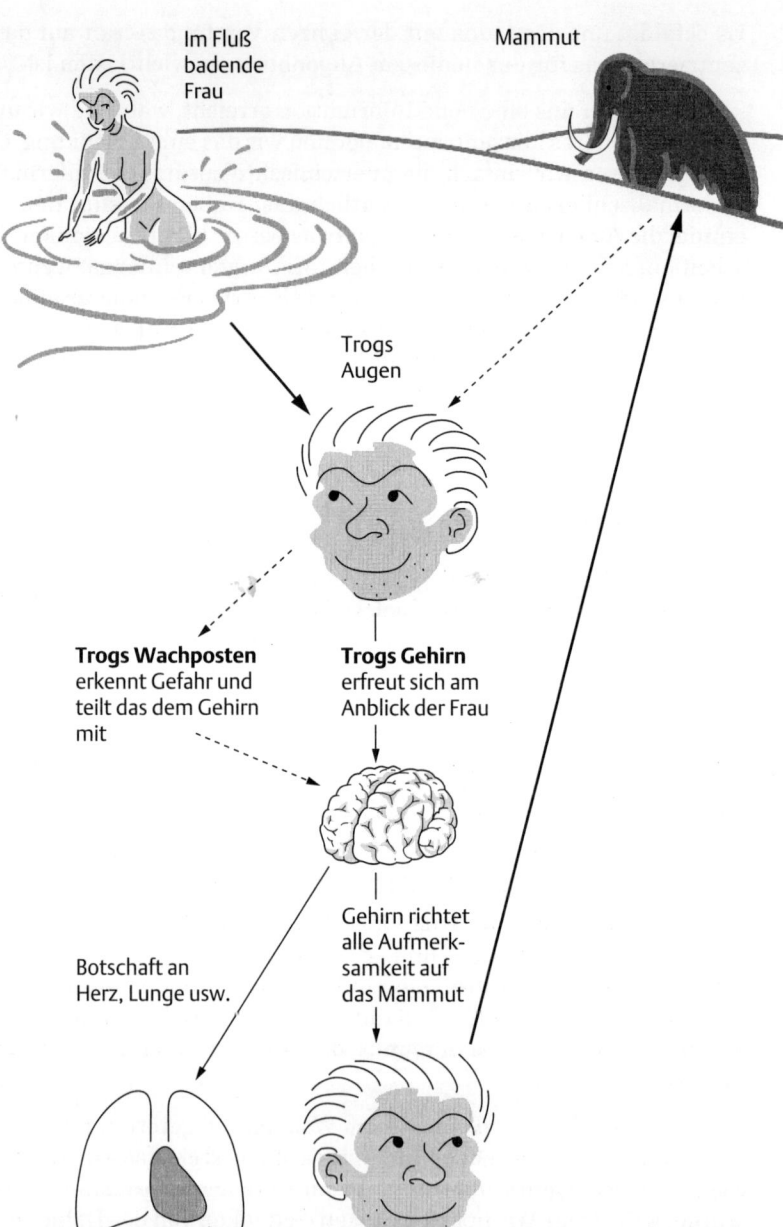

Im Fluß badende Frau

Mammut

Trogs Augen

Trogs Wachposten
erkennt Gefahr und
teilt das dem Gehirn
mit

Trogs Gehirn
erfreut sich am
Anblick der Frau

Botschaft an
Herz, Lunge usw.

Gehirn richtet
alle Aufmerk-
samkeit auf
das Mammut

Abb. 3   Wie Trog von seinem Wachposten gewarnt wird

Der Wachposten beobachtet also, was um uns herum vor sich geht, während wir uns auf etwas anderes konzentrieren. Woher weiß der Wachposten, worauf er unsere Aufmerksamkeit richten muß und was er zu ignorieren hat?

Der Wachposten hat aus Erfahrung gelernt, was gefährlich für uns ist und was nicht. Würde Ihre Katze ständig Tellerstapel umwerfen, ohne daß dabei ein Schaden entstünde, dann würde Ihr Wachposten dem keinerlei Aufmerksamkeit mehr schenken, und Sie würden sich ohne aufzuschauen weiter Ihren Film ansehen. Für den Wachposten zählt lediglich, ob eine mögliche Gefahr droht.

Denken Sie an die Wache vor dem Buckingham Palast. Sie wird dem Wagen von der Wäscherei, der regelmäßig einmal in der Woche vorbeikommt, unter Umständen keine Beachtung schenken, weil die bisherige Erfahrung gezeigt hatte, daß der Wagen keine Bedrohung darstellt. Sollte der Wagen aber an einem anderen Tag und zu einer anderen Zeit als üblich kommen, oder wenn er eine andere Farbe hat oder sonst irgendwie anders als gewöhnlich aussieht, wird die Wache wahrscheinlich mehr Aufmerksamkeit und Vorsicht an den Tag legen und bereit sein, auf Gefahr zu reagieren. Wenn das neue Wäschereiauto sich als gefahrlos erweist, wird die Wache ihm eventuell genauso wenig Aufmerksamkeit schenken wie dem alten. Wenn sich aber herausstellt, daß das neue Auto gefährlich ist, wird die Wache, sollte es wieder auftauchen, nicht nur aufmerksamer werden, sondern es sofort anhalten!

Daher bestimmt die Art und Weise, wie wir auf die Warnungen unserer Wachposten reagieren, wieviel Aufmerksamkeit wir einer ähnlichen Situation in der Zukunft schenken werden. Wenn sich Ihnen eines Tages ein fremder Hund nähert, wird Ihr Wachposten dafür sorgen, daß Sie besonders wachsam sind. Wenn der Hund sich als harmlos erweist, wird Ihr Wachposten diese Tatsache speichern und beim nächsten Mal Ihre Aufmerksamkeit wahrscheinlich nicht wecken. Sollte der Hund Sie aber beißen, wird Ihr Wachtposten ihn als gefährlich vermerken, und wenn Sie ihm das nächste Mal begegnen, wird Ihre Aufmerksamkeit beträchtlich steigen und Sie in Bereitschaft versetzen, die Flucht zu ergreifen. Auf diese Weise kommen viele Phobien zustande.

Wenn der Wachposten in unserem Kopf aufmerksam wird, steigt der Grad unserer Wachsamkeit, und dann sind wir im Falle einer Gefahr bereit für die Flucht- oder Kampfreaktion. Je wahrscheinlicher uns die Gefahr vorkommt, desto größere Vorbereitungen treffen wir. Ist der Wachposten in unserem Kopf aber erst einmal auf die Gefahr aufmerksam geworden und hat uns alarmiert, so lenkt er unsere Aufmerksamkeit auf die potentielle Gefahr und macht es uns sehr schwer, noch an irgend etwas anderes zu denken.

Daher ist es für viele Menschen, die an einer Phobie leiden, fast unmöglich, das, wovor sie sich so fürchten, zu vergessen, weil ihre Wachposten dafür sorgen, daß sie auch weiterhin darauf reagieren. Über das Umerziehungstraining der Wachposten werden ich im zweiten Teil des Buches, ab S. 73, noch ausführlicher sprechen.

Lassen Sie mich nun zu meinem eigenen Fallbeispiel mit den Klassikplatten zurückkehren. Weil die Wachposten in unserem Kopf aus Erfahrung lernen, behandeln sie alles Neue wie eine potentielle Bedrohung und lassen uns entsprechend darauf reagieren. Mein Wachposten war es nicht gewohnt, klassische Musik zu hören. Daher neigte ich beim Zuhören dazu, ein wenig ängstlich zu werden. Ich wurde mir dieses Gefühls bewußt und beschloß, daß ich es nicht mochte. Mein Wachposten speicherte dauerhaft meine Abneigung gegen klassische Musik, und als ich das nächste Mal die Platten abspielte, warnte er mich wieder vor der potentiellen Gefahr. Wenn ich Popmusik spielte, brachte mich das gewöhnlich wieder in den »normalen« Zustand und löste meine Angst, da ich diese Musik gewohnt war und sie mochte, und mein Wachposten daher ruhig blieb.

Was können wir daraus für unser Alltagsleben lernen? Wir müssen uns darüber im klaren sein, daß immer, wenn wir etwas Neues tun, ganz gleich, um was es sich handelt, selbst wenn wir in den Ferien in eine unbekannte Umgebung kommen, unsere Wachposten aufmerksam werden, weil sie nicht gelernt haben, daß diese Orte und diese Umstände ungefährlich für uns sind. Ich werde ab S. 73 darauf zurückkommen, wie wir mit dem Unwohlsein, zu dem das oft führt, umgehen können. Zunächst ist es erst einmal wichtig, daß wir uns dessen bewußt sind, daß es passiert und warum.

Nachdem ich nun gesagt habe, daß die Wachposten in unseren Köpfen durch Erfahrung lernen, was gefährlich ist und was nicht, muß ich noch darauf hinweisen, daß die Wachposten auch ein paar ganz instinktive Ängste haben.

Instinktive Ängste

Diese Ängste besitzt jedes Mitglied einer Gattung. Sie sind uns ebenso angeboren wie die richtige Zahl unserer Arme und Beine. Menschenbabys zeigen etwa in der Phase, in der sie zu krabbeln beginnen, Höhenangst. Pferde haben eine instinktive Furcht vor Schlangen, die sich bei vielen auch auf die Pferdepfeife erstreckt. Menschen scheinen auch eine instinktive Furcht vor kleinen Lebewesen zu haben, die sich schnell und auf eine scheinbar unvorhersehbare Weise fortbewegen, daher die sehr verbreitete Furcht vor Spinnen, Mäusen und ähnlichen Tieren.

Während eine instinktive Furcht vor solchen Lebewesen zu einer bestimmten Zeit der Evolution lebensrettend war – und in manchen Gegenden der Welt ist das auch heute noch so –, gehen die meisten von uns mit Logik dagegen an. Wir sagen uns, daß Spinnen, jedenfalls in England oder Deutschland, weder gefährlich noch tödlich sind. Auf diese Weise passen wir unsere Instinktreaktion dem Ort an, an dem wir leben, und an die Art und Weise, wie wir leben.

Eine weitere Instinktreaktion, die wir Menschen mit vielen anderen Vierbeinern teilen, ist, daß wir Furcht bekommen, wenn wir merken, daß andere Furcht haben. Wenn ein Hund merkt, daß sein Herrchen oder Frauchen sich fürchtet, dann wird er selbst nervös. Pferde, die vor einem Hindernis Furcht haben, werden noch ängstlicher, wenn sie merken, daß auch der Reiter Furcht hat.

Diese angstmachende Angst läßt sich sehr schön an sehr kleinen Babys beobachten. Ein kleines Baby spürt, wenn derjenige, der es auf dem Arm hält, sich unsicher fühlt. In diesem Fall bekommt auch das Baby Angst und fängt an zu schreien.

Meine Schwester kam nach der Geburt jedes meiner Kinder zu mir auf Besuch. Zu dieser Zeit hatte sie noch keine eigenen Kinder und keinerlei Erfahrung mit kleinen Babys. Sie bestand darauf, sie auf den Arm zu nehmen. Ich gab ihr jedesmal ein friedliches Baby, doch sobald sie es auf dem Arm hatte, fing das Baby zu schreien an. Wenn ich es wieder an mich nahm, hörte es sofort damit auf.

Die Babys spürten die Unerfahrenheit meiner Schwester und gaben ihrer Unruhe Ausdruck. Wenn ich sie dagegen meiner Schwägerin gab, machte ihnen das überhaupt nichts aus. Sie war Hebamme und wußte mit kleinen Babys umzugehen.

Diese Reaktion trägt zweifellos auch dazu bei, daß junge Eltern oft mit dem ersten Kind viel größere Schwierigkeiten haben als mit den folgenden. Beim ersten Kind machen sie sich mehr Sorgen, haben mehr Angst, Fehler zu machen, und das überträgt sich auf das Baby, das dann ebenfalls etwas ängstlicher wird. Bis die nächsten Kinder zur Welt kommen, haben die Eltern gelernt, wie sie mit Babys umzugehen haben und sind gewöhnlich viel lockerer in ihrem Verhalten, und das überträgt sich dann auch auf das Kind.

Ein weiteres typisches Fallbeispiel ist die Situation, daß ein Kind zum Zahnarzt oder ins Krankenhaus zu einer Behandlung muß, vor der die Mutter Angst hat. Wenn die Mutter ängstlich ist, wird sich das auf das Kind übertragen. Kinder sind von Natur aus so programmiert worden, daß sie auf die Gefühle ihrer Mütter reagieren, wie andere Lebewesen auch. Auch das dient dem Überleben. In jeder Gattung lernen die Jungtiere, indem sie das Verhalten ihrer Eltern nachahmen. Wenn die Eltern unter bestimmten Umständen Furcht zeigen, lernen die Jungen, das gleiche zu tun.

Leider ist es bei den Menschen so, daß viele Eltern sich ängstlich zeigen, wenn es wirklich völlig nutzlos ist. Das ist häufig der Fall, wenn ein Kind ins Krankenhaus muß, vor allem, wenn es ein Notfall ist. Obwohl die Anwesenheit eines Elternteils das Kind eigentlich beruhigen sollte, wird der Erwachsene nervös. Damit diese Nervosität nicht auf das Kind übergreift, wird die Mutter oder der Vater meist zum Warten nach draußen geschickt.

Alle Menschen haben die Grundtendenz, sich vor engen geschlossenen Räumen zu fürchten – aus Angst, darin zu ersticken; vor Höhen – aus Angst, herunterzufallen; vor unberechenbaren Tieren – aus Angst, sie könnten plötzlich angreifen und ihnen Schaden zufügen; und vor der Angst der anderen – aus Angst, dieselbe Gefahr würde auf sie lauern. Letzteres Beispiel erklärt die Panikreaktionen in großen Menschenmassen, etwa die Massenhysterien bei Popkonzerten.

Gewöhnlich unterstehen all diese instinktiven Ängste unserer bewußten, von der Logik gesteuerten Kontrolle. Vielleicht springen Sie auf, wenn Sie in der Werkstatt arbeiten und plötzlich irgend etwas Kleines in ihrem Gesichtsfeld um die Ecke huscht. Das ist der Wachposten in Ihrem Kopf, der Sie vor einer möglichen Gefahr von seiten eines kleinen, flinken Lebewesens warnt. Sie drehen sich um, Ihr Herz schlägt etwas schneller, Sie sehen, was es war, und dann stoßen Sie einen Seufzer der Erleichterung aus, als sie feststellen, daß es nur eine Maus war, da sie ja wissen, daß sie Ihnen nichts tun kann. Der Wachposten nimmt Ihre Gefühle wahr und schaltet die Angstreaktion aus.

Hätten Sie andererseits anstelle einer kleinen, harmlosen Maus eine riesige, pestverseuchte Ratte in die Werkstatt eindringen gesehen, dann hätte die Kampf- oder Fluchtreaktion eingesetzt (was auch die Reaktion von jemandem wäre, der sich vor Mäusen fürchtet, obwohl sie harmlos sind).

Die meisten von uns deprogrammieren diese instinktiven Ängste. Wir erziehen die Wachposten in unseren Köpfen so um, daß wir uns zum Beispiel vor Höhen nur noch dann fürchten, wenn ernsthaft die Gefahr besteht, wir könnten herunterfallen und in der Situation zu Schaden kommen. Wir fürchten uns nur dann vor geschlossenen Räumen, wenn die Gefahr besteht, daß wir eingesperrt werden oder ersticken könnten.

Doch manche Menschen haben entweder ihre Wachposten nie auf diese feineren Unterscheidungen hin neu programmiert oder aber sie sind aufgrund schlechter Erfahrungen überempfindlich geworden und reagieren weiterhin mit Angst. Dann werden die Ängste zu Phobien. Eine Phobie ist ganz einfach eine Angstreaktion auf eine Situation, die nicht wirklich bedrohlich ist und auf die die meisten Menschen nicht mit Angst reagieren.

Zusammenfassung

In diesem Kapitel habe ich die Rolle der Wachposten in Ihrem Kopf zu erklären versucht. Ich hoffe, daß dabei ebenfalls klar wurde, daß der Wachposten, obwohl er ohne Ihr bewußtes Wissen reagiert, immer noch von Ihnen programmiert wird, und zwar durch die Art und Weise, wie Sie auf die Situation, vor der Ihr Wachposten Sie warnt, reagieren. Jede neue Situation, selbst wenn sie angenehm ist, wird Ihren Wachposten zunächst veranlassen, Ihre Aufmerksamkeit zu schärfen. Das ist normal, und Sie sollten sich dessen bewußt sein. In Teil 2 werde ich verschiedene Arten beschreiben, wie man damit umgehen kann.

Zweiter Verständnistest

Ich habe weiter unten einige Situationen aufgelistet, bei denen die Wachposten gewöhnlich die »Hab acht«-Stellung einnehmen. Denken Sie über jede Situation genau nach und prüfen Sie, ob Sie verstehen können, warum das so ist, bevor Sie im Anhang auf S. 133 f die Antworten nachschlagen.

- Ihr erster Tag an einer neuen Arbeitsstelle.
- Sie kleiden sich für eine Hochzeit.
- Sie lernen neue Leute kennen.
- Sie fangen einen Kurs bei einer Abendschule an und sind nie zuvor an einer Abendschule gewesen.
- Sie hören auf zu arbeiten, um ein Kind großzuziehen.
- Sie gehen in Rente.
- Ein Mitglied Ihrer Familie wird krank.

≡ Anspannung und Persönlichkeit

Wenn wir alle Wachposten in unseren Köpfen haben, die auf neue Situationen mit der Warnung reagieren, daß wir vorsichtig sein sollen, wie ist es dann möglich, daß manche Menschen ein Leben führen, bei dem sie sich stets am »Abgrund der Gefahr« bewegen? Sie vermitteln uns den Eindruck, daß sie sich selbst in immer gefährlichere und schwierigere Situationen begeben müssen, um sich »lebendig« zu fühlen oder den rechten Kick zu kriegen, während anderen schon beim bloßen Gedanken, sie würden solche Dinge tun, ein Schauder über den Rücken läuft.

Genauso, wie wir alle normalerweise mit zwei Armen, zwei Beinen, zwei Augen usw. auf die Welt kommen, haben wir alle Wachposten in unseren Köpfen. Aber hier hört die Gemeinsamkeit auch schon auf. Während wir alle verschieden lange und verschieden geformte Arme und Beine haben und unterschiedlich geschnittene Augen in unterschiedlichen Farben, so sind auch unsere Wachposten von Person zu Person verschieden.

Wir unterscheiden uns im Hinblick auf die Menge an Neuem und an Gefahr, die unsere Wachposten brauchen, um wachsam zu werden. Es gibt überaus wachsame, aber auch schläfrige Wachposten (siehe Abb. 4). Der schläfrige Wachposten ist, wie der Name schon sagt, der lethargischste von allen. Es muß einiges geschehen, um ihn wachzurütteln. Gelegentlich hat er vielleicht das Gefühl, es drohe Gefahr, und öffnet dann ein Auge, um sie einzuschätzen, aber er wird nicht wirklich etwas unternehmen, bevor er sich nicht absolut sicher ist, daß die Gefahr echt ist.

Diesen Wachpostentypus haben jene Menschen, die bei Gefahr, Aufregung und Veränderung aufzublühen scheinen. Da es zunächst einmal nicht so einfach ist, ihre Wachposten aufzuwecken, begeben sie sich ständig und mit ziemlicher Regelmäßigkeit in Situationen, in die wir im Leben nicht kommen wollten! Sie werden oft Abenteurer, Rennfahrer, Himalaya-Bergsteiger, Stuntmen und Stuntwomen, Kriegsberichterstatter usw.

Das andere Extrem ist der überaus wachsame Wachposten. Dieser Wachposten ist fast die ganze Zeit »im Dienst«. Bei der geringsten Provokation wird er mißtrauisch und ist emsig auf der Suche nach jeder noch so geringfügigen Abweichung vom Gewöhnlichen.

So mancher Leser wird sich im letzten Kapitel bei meiner Schilderung, wie schnell das bloße Abspielen von klassischen Schallplatten mich ängstlich werden ließ, gefragt haben, ob bei mir vielleicht etwas nicht ganz stimmte, daß ich so empfindlich sein konnte. Ich gestehe, daß ich früher sehr nervös war. Wenn ich fern von zu Hause war, fühlte ich mich verunsichert.

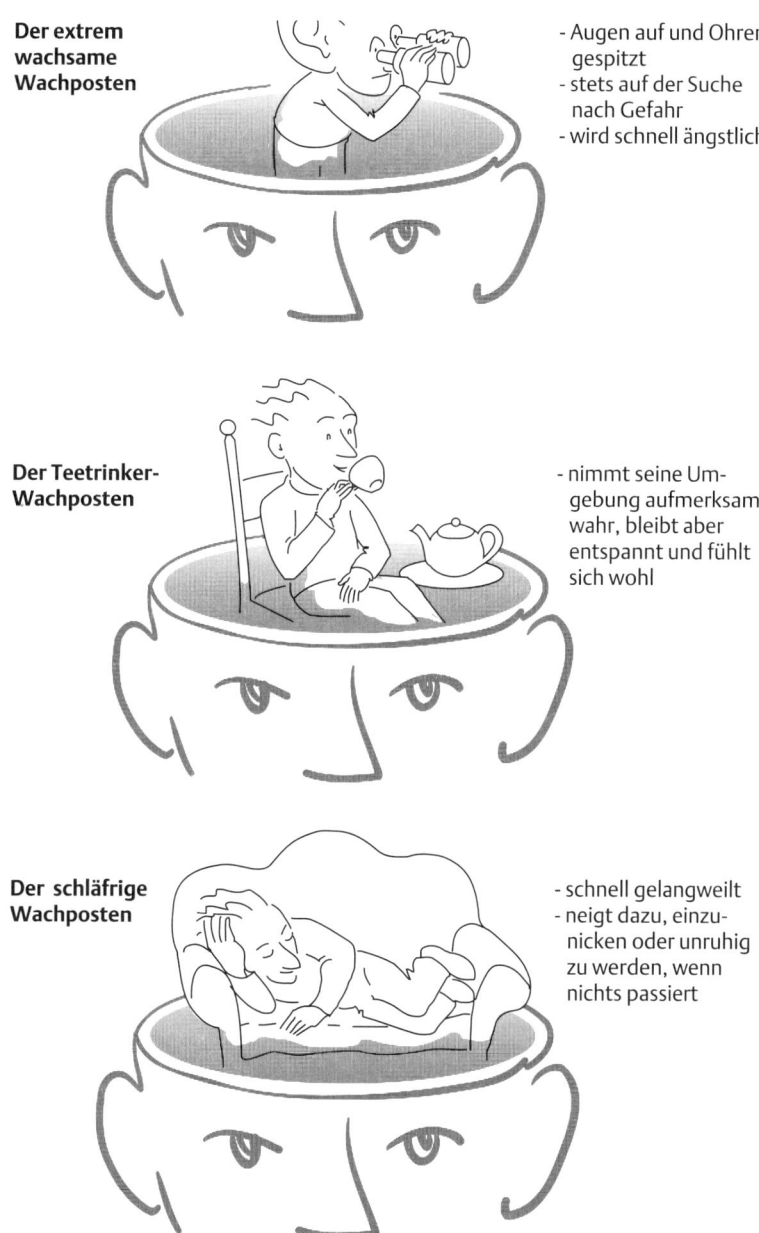

Der extrem wachsame Wachposten
- Augen auf und Ohren gespitzt
- stets auf der Suche nach Gefahr
- wird schnell ängstlich

Der Teetrinker-Wachposten
- nimmt seine Umgebung aufmerksam wahr, bleibt aber entspannt und fühlt sich wohl

Der schläfrige Wachposten
- schnell gelangweilt
- neigt dazu, einzunicken oder unruhig zu werden, wenn nichts passiert

Abb. 4   Die verschiedenen Wachposten-Typen

Ich ging zwar gerne auf Reisen, aber ich kam mit dem Neuen, dem ich dort begegnete, nicht zurecht, und wurde gewöhnlich nervös und aufgeregt. Die Menschen, die sich um mich kümmerten, interpretierten das immer als Heimweh.

Mein Wachposten war früher einer der extrem wachsamen Art, der nicht einmal seinem eigenen Schatten traute. Beachten Sie, daß ich mich in der Vergangenheitsform ausdrücke. Was die Wachposten anbelangt, so gibt es, selbst wenn Sie mit einem bestimmten Wachpostentypus auf die Welt gekommen sind, Mittel und Wege, ihm beizubringen, anders zu reagieren.

Vergleichen Sie den Wachposten einmal für einen Augenblick mit einem Ihrer Beine. Durch die Vererbung hat Ihr Bein eine bestimmte Länge und eine bestimmte Schwere der Knochen. Und trotzdem können Sie, je nachdem, wie stark und in welcher Weise Sie Gebrauch von Ihrem Bein machen, bis zu einem gewissen Grad Form und Größe verändern, indem Sie Ihre Muskeln kräftigen.

Mit dem Wachposten in Ihrem Kopf haben Sie den gleichen Spielraum. Obwohl Ihr Wachposten einem bestimmten Grundtypus entspricht, können Sie ihn stets ein klein wenig trainieren (wie Sie das machen müssen, werde ich im zweiten Teil des Buches ab S. 73 erklären). Was mich betrifft, so unternehme ich heute gerne weite Reisen oder höre mir gerne Musik an, die ich nicht kenne, ohne mich dabei sofort unwohl zu fühlen.

Irgendwo zwischen dem extrem wachsamen und dem schläfrigen Wachposten liegt der durchschnittliche Wachposten. Manche Menschen haben ihn und andere nicht. Er reagiert immer im rechten Augenblick. Ich stelle ihn mir als einen Teetrinker vor. Er erfüllt brav seine Aufgabe und schaut dabei ruhig umher, die Tasse in der Hand. Er beobachtet sorgsam, zeigt aber weder Überreaktionen noch versagt er bei der Wahrnehmung einer tatsächlichen Gefahr.

Am Ende dieses Kapitels finden Sie einen Fragebogen, mit dessen Hilfe Sie herausfinden können, welchem Typus Ihr Wachposten angehört, falls Sie es noch nicht wissen. Nachdem wir nun den Typus bestimmt haben, müssen wir noch weitere Faktoren ins Auge fassen, die hierbei eine Rolle spielen, nämlich Anspannung und Persönlichkeit.

Anspannung

Wir fühlen erhöhte Anspannung, wenn unser Geist schneller arbeitet und der Wachposten wachsam wird. Wir fühlen verminderte Anspannung, wenn unsere Gedanken sich beruhigen und der Wachposten sich entspannt. Erhöhte Anspannung ist nicht notwendigerweise etwas Schlechtes.

Ein bestimmter Grad von Anspannung ist notwendig, damit wir genug motiviert sind, um überhaupt etwas zu tun. Erinnern Sie sich an das erste Beispiel, als der Lehrer zu dem Schüler sagte: »Wenn du dir über die Prüfungen keine Sorgen machst, dann wird's aber langsam Zeit!« Was der Lehrer eigentlich sagen wollte, war nicht, daß es nötig war, sich Sorgen zu machen, sondern daß die Angst vor dem Scheitern den Schüler antreiben könnte, sich etwas mehr anzustrengen, daß also die erhöhte Anspannung den Schüler motivieren könnte.

Bevor wir uns ein paar alltägliche Beispiele für ganz offensichtlich unangemessene Formen der Anspannung anschauen, wollen wir uns erst einmal genau ansehen, in welchem Verhältnis Anspannung und Leistung zueinander stehen. Leistung bedeutet in diesem Zusammenhang, wie gut jemand etwas, das er tun möchte, zustande bringt, ganz gleich, um was es sich handelt. Das kann von der Schulaufgabe in Algebra bis hin zur Teilnahme am Londoner Marathonlauf reichen. Bei jeder Tätigkeit gibt es für jeden einzelnen von uns einen bestmöglichen Grad von Anspannung. Wenn Sie einmal darüber nachdenken, fällt Ihnen bestimmt eine Gelegenheit ein, bei der Sie versucht haben, etwas Bestimmtes zu tun, für das Sie aber nicht die nötige Anspannung hatten.

Stellen Sie sich zum Beispiel vor, Sie hätten sich entschlossen, am Samstagmorgen eine halbe Stunde früher aufzustehen, um noch ein bißchen sauberzumachen, bevor Sie in die Stadt gehen. Schließlich ist es Samstagmorgen, im Bett ist es warm und bequem, und Sie sagen sich, daß Sie am Samstagmorgen ja gar nicht zur Arbeit müssen und daher auch nicht aufzustehen brauchen. Sie erinnern sich, daß Sie sich eigentlich vorgenommen hatten, noch ein wenig sauberzumachen, bevor Sie heute aus dem Haus gehen, aber weil es im Bett so kuschelig ist, können Sie sich für diese Idee nicht mehr so begeistern. Der Wachposten in Ihrem Kopf kann an dieser Situation nichts erkennen, was ihn zum Handeln veranlassen könnte. Folglich haben Sie nicht die genügende Anspannung, um Ihr Vorhaben auszuführen.

Stellen Sie sich jetzt vor, während Sie so daliegen, fällt Ihnen plötzlich ein, daß die schreckliche Tante Ethel zum Mittagessen vorbeikommen wollte, und daß Sie Ihnen ganz schön die Hölle heiß machen wird, wenn die Wohnung nicht picobello sauber ist. Auf rationaler Ebene betrachtet ist Ihnen klar, daß Tante Ethel gar nichts tun kann, wenn sie kommt und die Wohnung nicht sauber ist, außer daß sie Ihnen mit ihrem Herumgemecker das Leben versauert. Aber wenn sie erst einmal meckert . . . Der Wachposten in Ihrem Kopf ist der Ansicht, daß er Tante Ethels Vorhaltungen in unangenehmer Erinnerung hat. Daher wird Ihr Wachposten nun unruhig und läßt die Anspannung immer stärker werden, bis Sie schließlich der Meinung sind, es sei nun nicht mehr so reizvoll, im Bett liegen zu bleiben, weil Sie sich jetzt Sorgen machen, welche Folgen es haben könnte, wenn Sie sich nicht in Bewegung setzen.

Das andere Extrem ist, daß die Anspannung zu Zeiten so sehr ansteigt, daß Sie nicht mehr in der Lage sind, die simpelsten Tätigkeiten zu verrichten. So sind Sie beispielsweise unter normalen Umständen in der Lage, sich in kürzester Zeit anzuziehen. Wahrscheinlich werden Sie dabei über Ihre Handgriffe gar nicht groß nachdenken müssen, weil das etwas ist, das Sie sehr oft tun. Wenn uns Tätigkeiten zur Gewohnheit geworden sind, verlangen sie in der Regel nur einen winzigen Grad an Anspannung. Wir sind diese Tätigkeiten so sehr gewohnt, daß unsere Wachposten genau wissen, daß hier keine Gefahr droht und daher völlig ruhig bleiben. Solche Dinge können so sehr zur Gewohnheit werden, daß wir sie ganz automatisch verrichten können, ohne über sie nachzudenken.

Eines Tages klingelt Ihr Wecker nicht, und Sie wachen auf und stellen fest, daß Ihnen nur noch zehn Minuten bleiben, um den Bus zu kriegen, andernfalls würden Sie zu spät zur Arbeit kommen. Da Ihnen plötzlich die unangenehmen Folgen des Zuspätkommens bewußt werden, wird der Wachposten in Alarm versetzt, und dabei steigt Ihre Anspannung. Wenn Sie sich jetzt anziehen, so geschieht das unter einem sehr hohen Grad an Anspannung, während normalerweise so gut wie keine Anspannung dafür nötig ist. Durch die erhöhte Anspannung haben Sie jetzt zwei linke Hände. Handgriffe, die gewöhnlich ganz von alleine gehen, sind plötzlich schwierig geworden, und Sie verhaspeln sich vollkommen . . . Das ist das Resultat, wenn die Anspannung für die betreffende Situation zu hoch ist.

Daher kann man sagen, daß es für jede Aufgabe einen optimalen Grad an Anspannung gibt. Dieser optimale Grad ist von Person zu Person, von Aufgabe zu Aufgabe, und sogar von Tag zu Tag verschieden. Unter Umständen sind an verschiedenen Tagen verschiedene Grade an Anspannung erforderlich, um ein und dieselbe Aufgabe zu meistern. Wir müssen alle lernen zu erkennen, wann wir, für welche Tätigkeit auch immer, unseren eigenen optimalen Anspannungsgrad erreicht haben. Und wir sollten nicht nur erkennen, wann wir ihn erreicht haben, sondern auch fähig sein, ihn zu halten.

Die Rolle der Anspannung im Sport

Viele Probleme mit dem Medikamentenmißbrauch im Sport wurzeln in dem Versuch, den Grad an Anspannung unter Kontrolle zu bringen.

Am einen Ende der Skala stehen die Leichtathleten, die Aufputschmittel einnehmen. Das sind Medikamente, die den Grad an Anspannung erhöhen, wenn der Athlet sich nicht genug motiviert fühlt.

Wie wir bei Trog und dem Mammut gesehen haben, bereitet eine erhöhte Anspannung den Körper auf körperliche Aktivität vor – auf Kampf oder Flucht. Daher liegt es auf der Hand, daß eine erhöhte Anspannung für einen Athleten hilfreich, ja sogar notwendig ist. Vielleicht sind Sie und ich bei den sportlichen Schulwettkämpfen bereits angespannt genug gewesen, um so schnell zu rennen, wie wir konnten, weil es ein besonderes Ereignis war und Freunde oder Verwandte zum Zuschauen gekommen waren. Das Ereignis fand nicht oft genug statt, daß wir uns daran hätten gewöhnen können.

Für sehr erfolgreiche Athleten, die bereits an Hunderten von Wettkämpfen teilgenommen haben und schon oft gegen dieselben Teilnehmer antreten mußten, stellt sich die Situation häufig anders dar. Für sie mag das bloße Ereignis und die Herausforderung durch die anderen Wettkampfteilnehmer gelegentlich nicht mehr ausreichend sein, um die Anspannung genügend steigen zu lassen.

Gut trainierte Athleten sind meistens in der Lage, einen Weg zu finden, wie sie sich selbst »aufputschen« und ihre Anspannung steigern können. Ich hörte einmal von einem professionellen Fußballspieler, der vor einem Spiel immer so angespannt war, daß er, bevor er aufs Spielfeld kam, richtig körperlich krank wurde vor lauter Anspannung. Leider sind einige Sportler dazu verleitet worden, illegale Aufputschmittel zu nehmen, um ihre Anspannung zu erhöhen und dadurch ihre Leistung zu steigern.

Für Teilnehmer an athletischen Wettkämpfen wäre es wahrscheinlich besser, sie hätten Wachposten, die sehr leicht zu erregen wären – also eher hyperwachsame als schläfrige Wachposten. Das ist zum Beispiel normalerweise bei Rennpferden der Fall. Diese Pferde sind oft das, was man als »hypernervös« bezeichnet – was der allgemein gebräuchliche Ausdruck dafür ist, daß sie »einen äußerst wachsamen Wachposten haben«. Dieser Charakterzug ist weitgehend, wenn nicht gar vollständig, angeboren, da sie aus Züchtungen anderer erfolgreicher Rennpferde stammen. Und das läßt sie schließlich auch so gut rennen.

Am anderen Ende der Skala stehen die Sportarten, bei denen hohe Anspannung ein Nachteil ist. Sportarten, bei denen eine ruhige Hand und ein klarer Blick nötig sind, ein verlangsamter Herzschlag, ein kühl berechnender Geist, Sportarten, bei denen der optimale Grad an Anspannung für die beste Leistung niedrig ist, wie etwa Billard oder Darts. Das sind die Sportarten, bei denen nicht die Einnahme von Aufputschmitteln, sondern von Beruhigungsmitteln zum Problem werden kann. In diesem Zusammenhang handelt es sich meist um Beta-Blocker.

Beta-Blocker werden bei Herzbeschwerden eingenommen, um den Herzschlag konstant zu halten. Weil aber unser Herzschlag steigt, wenn wir Angst bekommen, wurden Beta-Blocker auch zur Behandlung von Angststörungen eingesetzt. In Sportarten wie zum Beispiel Schießen, Darts und Billard können Beta-Blocker für einen Wettkampfteilnehmer, dessen Anspannung zu hoch ist, natürlich sehr nützlich sein. Genauso, wie wir plötzlich nur noch zwei linke Hände haben, wenn wir uns in großer Eile anziehen müssen, kann eine zu hohe Anspannung bei Sportarten wie diesen die Leistung beeinträchtigen.

Bei der Beobachtung von Billard-Wettkämpfen ist mir schon oft aufgefallen, daß ein Spieler, der nicht erwartet, daß er gewinnen wird, oftmals seine Bestleistung erbringt. Dieser Spieler übernimmt die Führung, weil er ohnehin nicht die Erwartung hat, gut zu spielen, und sich daher entspannt und einfach nur Freude am Spiel hat. Wenn er dann aber plötzlich merkt, daß er sich in Führung befindet, fragt er sich, was er denn da eigentlich tut. Der Wachposten in seinem Kopf wird aufmerksam, weil das eine für ihn ungewöhnliche Situation darstellt. Die Anspannung steigt. Immer häufiger verzieht dieser Spieler jetzt die Kugeln, macht Fehler, fühlt sich nach jeder verzogenen Kugel unwohler – und so bleibt auch sein Wachposten auf der Hut. Am Ende gewinnt sein Gegner das Spiel.

Offenbar haben einige Billard-Spieler gut gelernt, wie sie ihre Wachposten in solchen Situationen unter Kontrolle halten müssen. Spieler, die kopflos werden, sobald sie anfangen gut zu spielen, haben das nicht gelernt.

Natürlich gibt es zu diesem Thema viele Variationen, zum Beispiel gibt es Spieler, die gleich zu Beginn schlecht spielen und deshalb unruhig werden. Das führt zu immer schlimmeren Fehlern, weil die Besorgnis den Anspannungsgrad über den optimalen Grad hinaus ansteigen läßt. Es wäre für alle Sportler eine nützliche Sache, sich im Wachposten-Management zu schulen – wie für uns alle. Wie ich bereits gesagt habe, *können* Sie den Wachposten, mit dem sie auf die Welt gekommen sind, so trainieren, daß er auf eine Weise reagiert, die dem Leben, das Sie führen, angemessener ist.

Persönlichkeit

Bestimmte Persönlichkeitsmerkmale assoziiert man häufig mit jenen Menschentypen, deren Wachposten äußerst wachsam sind. Wie bei den Rennpferden werden Menschen mit äußerst wachsamen Wachposten häufig als »hypernervös« bezeichnet. Das bedeutet im allgemeinen, daß sie mit stärkeren Emotionen auf Situationen reagieren als der Durchschnitt – sie regen sich über Mißgeschicke mehr auf, sind schneller verärgert und haben schneller Angst. Eine Person, die einen äußerst wachsamen Wachposten hat, kann lernen, sich zu ändern. Leicht erregbare Menschen sind gewöhnlich auch in vielerlei Hinsicht zwanghaft veranlagt. Im nächsten Kapitel werde ich zwanghaftes Verhalten und dessen Gründe näher erläutern.

Wenn Menschen wegen ständiger Furcht einen konstant hohen Anspannungsgrad haben, kann das zu verschiedenen streßbedingten Krankheiten wie etwa Herzinfarkten führen. Es ist nicht verwunderlich, daß bei Menschen, die an streßbedingten Krankheiten leiden, ein bestimmter Persönlichkeitstyp weit verbreitet ist. Er ist allgemein bekannt als Persönlichkeitstyp A.

Eine Person vom Typ A gilt oft als leistungsorientierter Mensch, der immer versucht, sein Bestes zu geben, als jemand, der es gerne hat, wenn die Dinge genau in der richtigen Weise und zum rechten Zeitpunkt getan werden, und der sich Sorgen macht, wenn das nicht passiert. Menschen vom Typ A werden oft als Workaholics bezeichnet, die nicht abschalten können.

In vielerlei Hinsicht stimme ich dem zu, doch wir sollten hinter die Kulissen schauen und uns fragen, warum sie sich so verhalten. Warum dieses Streben nach Perfektion und warum dieser ständige Wettlauf mit der Zeit?

Die Antwort ist, daß ihr Wachposten aufmerksam wird und dann in diesem Zustand der Wachsamkeit verharrt. Bei einer Person vom Typ A ist der Wachtposten hellwach und angespannt und erlaubt es sich nur selten, sich »gehenzulassen«, weil sein Besitzer gar nicht weiß, wie das geht.

Andere Menschen empfinden eine solche konstant hohe Anspannung oft als anregend. Das sind dann jene Leute, die gerne unter Streß stehen. Oft ist das bei Menschen der Fall, deren Wachposten eher von der Art des gesetzten Teetrinkers ist, bei Leuten, deren Leben so dahinplätschert, dem aber immer der rechte Funke gefehlt hat. Ganz plötzlich wird dann aber der Wachposten hellwach, weil eine Arbeit sehr drängt oder aus irgendwelchen anderen Gründen. Die Person findet das sehr aufregend und sucht immer stärker nach dieser Anspannung. Leider wird dann die Person, weil dieser Zustand so anregend sein kann, fast schon süchtig danach und kann nicht mehr aufhören. Unser Körper ist jedoch nicht dazu gemacht, so etwas lange mitzumachen und verausgabt sich in dem Streß möglicherweise bis zur völligen Erschöpfung.

Aber auch hier gilt, daß man ein sehr leistungsorientierter Mensch sein kann, ohne sich selbst zu gefährden. Alles hängt davon ab, wie Sie Ihren Wachposten trainieren. Beim Training Ihres Wachpostens kommt es vor allem darauf an, wie lernwillig er ist, und das ist von Person zu Person verschieden.

Shakespeare schrieb in Julius Cäsar den sehr scharfsinnigen Satz: »Das Böse, das die Menschen tun, lebt nach ihnen fort; das Gute wird oft mit ihren Gebeinen beerdigt.«

Warum erinnern wir uns eher an die schlechten als an die guten Dinge? Weil die Natur uns so geschaffen hat. Wenn uns etwas Schlechtes widerfährt, möchte die Natur sicherstellen, daß wir uns nicht noch einmal in eine solche Lage begeben, weil das unser Überleben gefährden könnte. Daher reagieren unsere Wachposten sehr schnell, wenn wir auf etwas aufmerksam werden, das bei einer früheren Gelegenheit zu einem unangenehmen Ergebnis geführt hatte. Sie rufen uns die Folgen in Erinnerung und dann werden wir unruhig oder bekommen Angst, und versuchen, der Situation auszuweichen.

Introvertierte und Extravertierte

Bekanntlich neigen introvertierte Menschen dazu, möglichen unangenehmen Situationen noch vehementer aus dem Wege zu gehen als Extravertierte. Was sind Introvertierte und Extravertierte?

Ganz allgemein gesprochen gelten jene Leute als introvertiert, die lieber alleine sind und nicht so sehr die Gesellschaft anderer brauchen, um sich gut zu fühlen. Extravertierte hingegen lieben die Gesellschaft anderer. Sie brauchen Leute um sich herum, um sich lebendig zu fühlen.

Man nimmt an, daß Introvertierte wachsamere Wachposten haben als Extravertierte. Wenn sie gesellschaftliche Zusammenkünfte eher meiden, so ist das ein Weg, Anspannung zu vermeiden, die bei ihnen relativ leicht steigt, wenn sie sich unter fremde Leute mischen und sich außerhalb der gewohnten Pfade bewegen. Wohingegen Extravertierte weitaus weniger wachsame Wachposten haben und daher auch mehr aushalten können, bevor bei ihnen die Anspannung zu steigen beginnt.

Stellen Sie sich zum Beispiel vor, daß Trog, anstatt vor dem Mammut davonzulaufen, ins Wasser springt und der Höhlenfrau Gesellschaft leistet. Er hat vorher noch nie auf diese Weise im Wasser herumgespielt und sein Wachposten wird wachsam, weil da etwas Neues und Unbekanntes vor sich geht. Trog kommt nun aber zu dem Schluß, daß ihm diese neue Erfahrung Spaß macht. Das wird dem Wachtposten übermittelt und er entspannt sich. Und so empfindet Trog eher Aufregung als Furcht.

Ihr Wachposten rüttelt Sie wach, weil etwas anderes passiert. Sie ordnen dann Ihre Gefühle ein, und je nachdem, ob Sie Angst oder Aufregung empfinden, wird Ihr Wachposten entsprechend darauf reagieren. Falls Sie Angst empfinden, werden Sie wachsam nach Gefahr ausspähen, Ihre Aufmerksamkeit wird von allem anderen abgezogen, und Ihre Muskeln spannen sich an. Wenn Sie aber Ihrem Wachposten sagen, daß die Anspannung durch etwas verursacht wurde, das Sie aufregend finden, nimmt Ihr Wachposten wieder seine ruhige Wachposition ein und gestattet Ihnen, sich zu entspannen und somit die Anspannung zu genießen (siehe Abb. 5, S. 46).

Man nimmt an, daß Extravertierte dazu neigen, ihrem Wachposten mitzuteilen, daß die hohe Anspannung, die sie empfinden, eher Aufregung ist als Angst oder Furcht. Da der Introvertierte hingegen hohe Anspannung nicht mag, neigt er dazu, sie als Angst einzustufen und trainiert seinen Wachposten darauf, entsprechend zu reagieren. Während also ein Extravertierter Parties eher als etwas Aufregendes empfindet, hat der Introvertierte gelernt, mit Angst darauf zu reagieren und sie, wenn möglich, zu meiden.

Wie Sie Anspannung bewerten, ist entscheidend dafür, wie der Wachposten die Ereignisse für die Zukunft speichert.

So...   # oder so...

Wach-posten	Ihre Reaktion
Das ist neu.	
	Die Spannung steigt.
	Was geht hier vor? Ich fühle mich unwohl.
Wir fühlen uns unwohl. Ist die Situation vielleicht gefähr-lich?	
	Die Spannung steigt weiter.
	Ich mag dieses Gefühl nicht. Ich fürchte mich.
Wir mögen das nicht, also werde ich es als gefährlich speichern.	

Wach-posten	Ihre Reaktion
Das ist neu.	
	Die Spannung steigt.
	Nanu- Was geht da vor?
Gar nicht so übel, vielleicht ist das gar nicht gefährlich.	
	Die Spannung steigt weiter.
	Das gefällt mir!
Das gefällt uns. Wir brauchen in Zukunft in dieser Situation nicht wachsam zu werden.	

Beachten Sie, was für einen Unterschied es macht, mit welchen Gedanken Sie auf ein und dieselbe Situation reagieren!

Abb. 5   Welche Position nimmt Ihr Wachposten ein?

Zusammenfassung

In diesem Kapitel haben wir uns angesehen, was Anspannung ist und wie sie mit unserer Persönlichkeit in Beziehung steht.

Wir haben erfahren, wie es kommt, daß manche Menschen leicht angespannt sind und daher dazu neigen, sich nicht in Umstände und Situationen zu begeben, in denen die Anspannung zu sehr oder zu schnell ansteigen könnte. Wieder andere sind weniger schnell angespannt und scheinen Aufregung und Gefahr zu suchen. Das liegt daran, daß sie einen höheren Grad an Stimulation brauchen, um etwas als aufregend zu empfinden.

Dritter Verständnistest

Dieser Fragebogen soll Ihnen helfen, Ihren Wachpostentypus und bestimmte persönlichkeitsrelevante Merkmale zu bestimmen.

1. Machen sie ein Kreuz bei jeder der folgenden Situationen, die bei Ihnen bereits im voraus ein *unangenehmes* Gefühl starker Anspannung hervorrufen würde:
   ☐ Sie müssen eine wichtige Prüfung bestehen.
   ☐ Sie sind zu einem förmlichen Abendessen eingeladen.
   ☐ Sie nehmen an einem sportlichen Wettkampf teil.
   ☐ Sie müssen eine Rede halten.
   ☐ Sie müssen zum Zahnarzt.
   Zählen Sie für jedes Kreuz einen Punkt. Ergebnis:

2. Machen Sie ein Kreuz bei jedem der folgenden Ereignisse, das bei Ihnen ein *unangenehmes* Gefühl starker Anspannung hervorrufen würde, während es passiert:
   ☐ Sie sind zu spät dran und stecken im Stau.
   ☐ Sie bekommen eine Spritze.
   ☐ Sie fühlen sich nicht wohl.
   ☐ Sie befinden sich auf einer gesellschaftlichen Versammlung.

☐ Sie werden von einer Autoritätsperson getadelt.
☐ Sie haben Gäste zum Essen geladen.
Zählen Sie für jedes Kreuz einen Punkt. Ergebnis:

3. Haben Sie mehr Spaß an Ihrer Arbeit, wenn Sie sich mit Kollegen unterhalten können, mit denen Sie an einem gemeinsamen Projekt arbeiten, oder wenn Sie Ihre Arbeit alleine verrichten? Machen Sie einen Kreis um Ihre Antwort und zählen Sie die jeweiligen Punkte zusammen.
   1 immer mit anderen
   2 gewöhnlich mit anderen
   3 beides ein wenig
   4 gewöhnlich alleine
   5 immer alleine

4. Wenn Sie an einem gesellschaftlichen Ereignis teilnehmen, auf eine Party gehen oder ähnliches, ist es Ihnen dann lieber, wenn Sie die anderen zunächst noch nicht kennen, so daß Sie neue Leute kennenlernen können? Oder ist es Ihnen lieber, wenn Sie die anderen Gäste schon gut kennen? Machen Sie einen Kreis um Ihre Antwort und zählen Sie die jeweiligen Punkte zusammen.
   1 alles Fremde
   2 vorwiegend Fremde
   3 halb und halb
   4 vorwiegend Bekannte
   5 alles Bekannte

5. Wie finden Sie es, wenn Leute unangemeldet bei Ihnen vorbeischneien? Machen Sie einen Kreis um Ihre Antwort und zählen Sie die jeweiligen Punkte zusammen.
   1 ich mag das
   2 normalerweise mag ich das
   3 finde ich manchmal in Ordnung
   4 ist mir nicht so recht
   5 kann ich nicht ausstehen

6. Wenn Ihr Partner Ihnen am Freitagabend beim Nach-
hausekommen als Überraschung mitteilt, daß sie beide
übers Wochenende wegfahren werden, was wäre die ty-
pischste Reaktion für Sie? Machen Sie einen Kreis um Ihre Antwort und zählen Sie die jeweiligen Punkte zusammen.

5 Sie bekommen Panik und wollen nicht wegfahren.

4 Sie hätten es lieber vorher gewußt und reagieren
ängstlich.

3 Sie würden zwar gerne fahren, haben aber Verpflichtungen.

2 Wenn Sie sich erst einmal an den Gedanken gewöhnt
haben, gefällt er Ihnen.

1 Sie sind ganz aus dem Häuschen und können es kaum
erwarten.

7. Wenn man Ihnen mitteilen würde, daß in Ihr Garten-
häuschen eingebrochen wurde, welcher der folgenden Gedanken wäre dann am typischsten für Sie?

a) O mein Gott! Das hätte nicht passieren dürfen. So etwas ist in der Nachbarschaft noch nie vorgekommen.

b) Kein Grund, sich Sorgen zu machen, es ist nun einmal passiert. Ich gehe besser nachschauen, wie groß
der Schaden ist, damit ich die Versicherungsgesell-
schaft benachrichtigen und die Sache so schnell wie
möglich regeln kann.

c) Was soll ich jetzt bloß tun? Ich rufe besser meinen
Mann/meine Frau/meine Mutter/meinen Vater/mei-
nen Freund/meine Freundin an, und frage sie, was
ich tun soll.

Zählen Sie 1 Punkt für b)
2 Punkte für c)
3 Punkte für a)

Zählen Sie alle Punkte zusammen. Wie haben sie abge-
schnitten?

Die Auswertung finden Sie auf der nächsten Seite.

Auswertung

Weniger als 10 Punkte:
Sie sind entweder ein extravertierter Typ mit einem schläfrigen Wachposten, oder Sie haben bereits gelernt, mit unangenehm hoher Anspannung umzugehen und brauchen dieses Buch überhaupt nicht.

11-20 Punkte:
Sie scheinen ganz gut zurechtzukommen. Ihr Wachposten zeigt offensichtlich keine Überreaktionen – wahrscheinlich der Teetrinkertyp. Sie könnten Ihre Lebensfreude noch steigern, indem sie versuchen, Ihre Reaktionen ein bißchen mehr denen anzugleichen, die weniger Punkte als Sie erzielt haben. Wenn Sie aber nichts ändern können, dann lassen sie es einfach so, wie es ist, und führen Ihr Leben weiter wie bisher.

21-34 Punkte:
Ihr Wachposten scheint von der extrem wachsamen Art zu sein. Je näher Sie sich am Höchstwert befinden, desto stärker reagieren Sie mit einer unangenehm hohen Anspannung. Dieses Buch ist wie für Sie geschaffen. Zum Glück können Sie Ihre Punktzahl mit ein wenig Zeit und Übung erheblich reduzieren.

≡ ## Kontrolle

Wovor fürchten sich die Menschen mehr als vor allem anderen? Ich werde Ihnen ein paar Tips geben . . . Es ist etwas, wovon die meisten Menschen gar nicht wissen, daß sie sich davor fürchten, solange sie nicht damit konfrontiert werden. Es ist keine von den Ängsten, die einem gewöhnlich in den Sinn kommen, wie etwa die Angst vor Spinnen, Höhenangst, die Angst vor Blut usw. Sind Sie schon darauf gekommen?

Noch ein Tip: Schauen Sie sich die Kapitelüberschrift an . . .. Ist es jetzt klar? Genau, was wir mehr als alles andere fürchten ist, *die Kontrolle zu verlieren!*

Die Kontrolle verlieren bedeutet nun aber für jeden etwas anderes. Manche fürchten sich davor, die Kontrolle über ihr Leben zu verlieren, über ihre Finanzen, über ihr Familienleben, über ihre Kinder. Wieder andere fürchten sich, die Kontrolle über ihre Gedanken oder über ihren Körper zu verlieren. Einige fürchten sich auch vor all diesen Dingen auf einmal.

Damit Sie sich davor fürchten können, über etwas die Kontrolle zu verlieren, müssen Sie natürlich zunächst einmal überhaupt Kontrolle darüber haben. Da zum Beispiel Kinder über ihr Alltagsleben nie jemals die Kontrolle hatten, fürchten sie sich auch nicht davor, diese Kontrolle zu verlieren. Wie das alte Sprichwort so schön sagt: Was der Mensch nie gehabt hat, wird er auch nicht vermissen. Während die meisten Kinder die Kontrolle der Erwachsenen akzeptieren, solange sie noch klein sind, werden sie sich jedoch in der Pubertät auflehnen, wenn man ihnen nicht nach und nach immer mehr Kontrolle überträgt. Zusammen mit der Reife kommt der Wunsch, unser Leben selbst in die Hand zu nehmen.

Bevor wir uns näher mit der Kontrolle befassen, lassen Sie mich Ihnen schildern, wie ich mich früher davor fürchtete, über einen bestimmten Bereich meines Lebens die Kontrolle zu verlieren. Als ich meinen Mann heiratete, hatte er schon drei Kinder, die zwischen sechs und elf Jahre alt waren und bei ihm lebten. Es war nicht ganz einfach, eine gerechte und vernünftige Stiefmutter zu sein, vor allem für mich nicht, da ich es damals gerne sah, wenn zu Hause alles nach meiner Vorstellung lief. Ich konnte mich nicht leicht mit anderen einigen, wenn sie meinen Plänen und der Art und Weise, wie ich die Dinge haben wollte, in die Quere kamen.

Dazu kam noch das Problem, daß wir unsere eigenen Kinder auch schon einmal anbrüllen können, ohne daß sie deswegen ernsthaft gekränkt sind – mit Stiefkindern aber ist das anders. Die geringste Zurechtweisung nehmen sie gleich persönlich und glauben, daß man sie nicht mehr lieb hat.

Daher mußte ich einen ständigen Seiltanz vollbringen, um weiterhin die Kontrolle behalten können, die ich brauchte, ohne dabei sinnlose Streitereien vom Zaun zu brechen.

Von Zeit zu Zeit versuchte das älteste Stiefkind, mich zu testen und zu provozieren, indem es die Notwendigkeit meiner Regeln in Frage stellte. Nach solchen Konfrontationen hatte ich stets einen bestimmten Traum. In diesem Traum tat mein Stiefsohn mit Absicht all die Dinge, für die ich ihn, hätte er sie im wirklichen Leben getan, gehaßt haben würde. Er brachte ganze Horden von Freunden ins Haus, die dann den Kühlschrank plünderten. Dann kochten sie sich ein riesiges Festmahl und ließen in der Küche ein mordsmäßiges Chaos zurück.

In meinem Traum sah ich dem Ganzen zu, brüllte herum und schrie sie an, sie sollten alle das Haus verlassen – aber kein Laut kam aus meinem Mund! Ich war völlig hilflos – totaler Kontrollverlust. Danach wachte ich schweißgebadet auf und war ganz durcheinander, aber erleichtert, als ich feststellte, daß es nur ein Traum war. Jedenfalls war die Folge, daß ich eine Zeitlang noch strenger wurde. Das geschah nicht bewußt. Später wurde mir klar, daß es sich um eine Art Kompensation gehandelt hatte. Ich wollte doppelt sicher gehen, daß sich der Traum niemals im wahren Leben abspielen würde.

Was ist Kontrolle? Kontrolle bedeutet, daß die Dinge geschehen, wie und wann wir es für richtig halten. Ereignisse, die sich in unserem Leben am leichtesten vorhersagen lassen, sind uns zur Routine geworden. Wenn etwas zu einer bestimmten Zeit und nach einem bestimmten Schema geschieht, wird es in Ihrem Kopf als Gewohnheit eingestuft, als Routine.

Denken Sie einen Augenblick an die Sache mit den Wachposten zurück. Bei welchem Ereignis stieg die Spannung des Wachpostens am wenigsten? Das war immer dann der Fall, wenn der Wachposten wußte, was er zu erwarten hatte, wenn er aus Erfahrung wußte, daß eine Situation weder gefährlich noch beängstigend sein würde. Und genau das sind ja Routinesituationen – sie lassen den Wachposten nicht wachsam werden.

Kontrolle und Vorhersagbarkeit

Unsere grundlegenden Reaktionsweisen können wir am besten verstehen, wenn wir uns das Verhalten von Babys und Kleinkindern anschauen. Ganz kleine Kinder reagieren meist noch sehr natürlich auf das Leben, da sie noch nicht die Zeit hatten, ihre Reaktionen an ihre Erfahrungen anzugleichen. Babys und kleine Kinder lieben Routine und reagieren übel

darauf, wenn sie abhanden kommt. Sie brauchen nur die Eltern eines kleinen Babys zu fragen, was passiert, wenn es in seiner Routine ernsthaft gestört wird.

Und ebenso wie es Erwachsene mit schläfrigen Wachposten gibt,
die Störungen und Durcheinander endlos lange hinnehmen können, ohne
daß ihre Wachposten aufmerksam werden, so gibt es auch einige sehr friedli-
che Babys, die den Eindruck erwecken, einen schläfrigen Wachposten zu haben. Diese Babys scheinen mit allen Arten von ungewöhnlichen Situationen
spielend leicht fertig werden zu können, manche scheinen dabei sogar richtig aufzublühen! Vielleicht hat der eine oder andere von Ihnen schon einmal
das relativ seltene Phänomen beobachtet, daß ein Baby bei seiner Taufe
nicht nur nicht schreit, sondern den Pfarrer sogar noch anlacht! Solche Babys sind eine Ausnahme. Die meisten haben Wachposten, die sofort hellwach
werden, wenn sie sich an einem fremden Ort befinden, wenn sie fremde Kleidung anhaben, fremde Gesichter sehen, und vor allem, wenn man ungewohnte Dinge mit ihnen tut, was zur Folge hat, daß das Baby seinen Unwil-
len klar und deutlich zu erkennen gibt.

Ich kann mich noch sehr lebhaft an den Tag erinnern, als mein
Mann und ich unser Baby zum ersten Mal zu den Großeltern auf Besuch mit-
nahmen. Wir waren ein paar hundert Meilen mit dem Auto gefahren und kamen spät in der Nacht an. Das Baby schlief im Wagen in seinem Körbchen,
wie es das schon oft getan hatte.

Als wir angekommen waren, luden wir den Wagen aus, das Baby
wurde eine Weile lang geherzt, gedrückt und herumgereicht, und dann wollten wir alle ins Bett gehen. Doch das Baby wollte davon nichts wissen. Wir
legten es im Schlafzimmer in sein Körbchen, aber es schrie. Ich nahm es
hoch, beruhigte es, legte es wieder hinein, und schon fing es wieder an zu
schreien. Das ging über eine Stunde so weiter, und schließlich begannen wir
uns Sorgen zu machen, wir könnten auch die Nachbarn am Schlafen hindern. Zu dem Zeitpunkt war es etwa zwei Uhr morgens. Ich war völlig erschöpft, mein Mann ebenso, seine Eltern waren erschöpft, nur das Baby
schien noch Stunden so weitermachen zu können (wahrscheinlich weil es
den Tag über so viel geschlafen hatte).

Verzweifelt entschieden wir uns, es in seinem Körbchen wieder ins
Auto zu legen und ein wenig herumzufahren, bis es einschlafen würde. Also
packten wir alles zusammen, gingen wieder in die kalte Nacht hinaus und
fuhren los. Wir waren noch keine fünf Minuten vom Bungalow entfernt, als
unser Sohn auch schon friedlich schlummerte.

Wir wollten aber nichts übereilen, und so fuhren wir noch eine weitere halbe Stunde lang herum, nur um auch ganz sicher zu gehen, daß er wirklich eingeschlafen war, und machten dann kehrt. Wir parkten den Wagen und luden, so leise es eben ging, das Körbchen aus. Dann schlichen wir uns zurück ins Haus, stellten das Körbchen ins Schlafzimmer und machten uns selbst zum Schlafengehen fertig. Sobald wir das Licht gelöscht hatten, fing er wieder an! (Zweifellos war er erfrischt durch sein Nickerchen im Wagen.) Schließlich ließ meine Schwiegermutter den Arzt kommen, der dem Baby ein Schlafmittel verabreichte, und so kamen wir am Ende doch alle noch zu unserem Schlaf.

In der nächsten Nacht hingegen hatte sich unser Sohn schon an die neue Umgebung gewöhnt und schlief wie ein Engel.

Wiederholung ist eine andere Form von Routine, die kleine Kinder sehr mögen. Erwachsene sind oft erstaunt, daß ein Kind Tag für Tag dasselbe essen will. Sie versuchen dann vielleicht, das Kind davon zu überzeugen, wie schön es wäre, auch einmal etwas anderes zu probieren, doch meistens will das Kind davon nichts wissen. Kindern ist es häufig lieber, daß man ihnen immer wieder dieselbe Geschichte vorliest, statt irgendwelche neuen. Sie mögen es, wenn sie sich jeden Tag zur gleichen Stunde ihre Lieblingssendung im Fernsehen ansehen können.

Diese ganze Routine – dieselben Geschichten, dasselbe Essen, dieselbe Umgebung – versetzen den Wachposten nicht in Erregung. Die Routine verhindert, daß eine Person übertrieben wachsam wird. Warum scheinen kleine Kinder ein größeres Bedürfnis nach einer solchen Gleichförmigkeit zu haben als Erwachsene? Schließlich haben selbst jene Erwachsenen, die besonders zu ängstlichem Verhalten neigen, ganz gerne eine wenig Abwechslung in ihren Mahlzeiten und Vergnügungen.

Nach meiner Theorie liegt das daran, daß kleine Kinder so viel über die Welt, in der sie leben, zu lernen haben, daß jeder gewöhnliche Tag Dutzende neuer Empfindungen und Eindrücke für sie bereithält. Sie hören neue Wörter, sehen neue Dinge und neue Farben, hören neue Geräusche. All diese neuen Dinge können den Wachposten in Anspannung versetzen. Damit die Anspannung des Wachpostens auf einer angenehmen Stufe bleibt, muß das Leben des Kindes weitgehend von Vorhersagbarkeit bestimmt sein – indem es vertraute Speisen ißt, vertraute Geschichten hört und in die Routine des Familienlebens eingebunden ist.

Wie ich weiter oben erwähnte, scheinen manche Babys, ebenso wie manche Erwachsene, schläfrige Wachposten zu haben und in der Lage zu sein, neue und ungewohnte Erfahrungen zu machen, ohne daß die Anspannung gleich auf eine unangenehme Weise steigt, wie bei den meisten von uns. Solche Leute scheinen in ihrem Leben Routine und Vorhersagbarkeit zu meiden, als bräuchten sie den besonderen Kick durch das Unvorhersehbare, um sich lebendig zu fühlen.

Daneben gibt es Menschen, deren Wachposten leicht in Erregung zu versetzen sind. Solche Menschen scheinen mehr als andere darauf erpicht zu sein, in ihrem Leben einer Routine zu folgen. Je bedrohter und ängstlicher sie sich fühlen, desto mehr Routine bringen sie in ihr Leben, und desto strenger werden sie.

Denken Sie an das erste Beispiel in diesem Kapitel, in dem ich die Beziehung zu meinen Stiefkindern beschrieb. Da ich dazu neigte, mich vor Kontrollverlust zu fürchten, war ich gewöhnlich übermäßig streng. Je bedrohter ich mich fühlte, desto strenger wurde ich.

Im Leben ängstlicher Menschen stehen die strengen Regeln nicht immer in einem direkten Zusammenhang mit dem, worüber sie die Kontrolle zu verlieren fürchten. Zu diesem Zeitpunkt meines Lebens wurde ich beispielsweise sehr zwanghaft in allem, was die Hausarbeit betraf. Mit anderen Worten, mein allgemeiner Zustand der Unsicherheit und der drohende Kontrollverlust waren die Gründe dafür, daß ich mich bemühte, meinen Wachposten zu beruhigen, indem ich so viel Vorhersagbarkeit wie möglich in mein Leben brachte, um dadurch den allgemeinen Grad unangenehmer Anspannung (Angst) gering zu halten. Ich machte es mir zur Pflicht, an einem bestimmten Tag in der Woche ein bestimmtes Zimmer sauberzumachen. Ich konnte es nicht ertragen, die Arbeit auch einmal ruhen zu lassen, weil ich zu sehr fürchtete, daß mir dann die ganze Arbeit aus den Händen gleiten würde.

Sie sehen also, daß Zwangsideen zwar Routine und Vorhersagbarkeit in das Leben eines Menschen bringen können, aber nicht unbedingt die Angst mindern. Die Person wird völlig von ihren Zwangsideen beherrscht, so wie ich damals von der Hausarbeit. Die Person bekommt schließlich Angst, daß sie das, was sie sich vorgenommen hatte, nicht fertigbringt, und dann erfüllen die Zwangsideen nicht mehr den Zweck, den Wachposten dadurch ruhig zu halten, daß sie das Leben zu einer einzigen Routine werden lassen. Statt dessen steigern nun gerade diese Zwangsideen die Angst, weil die Person nun befürchtet, ihre Aufgabe nicht zu erfüllen. Daher sind zwanghafte Menschen definitionsgemäß oft auch Menschen, die sehr zur Ängstlichkeit neigen.

Zwangsvorstellungen steigern nicht das Gefühl der Kontrolle, sondern verringern es. Dieses verminderte Kontrollgefühl führt oft dazu, daß in einem fehlgeleiteten Versuch, Vorhersagbarkeit und damit auch größere Kontrolle wiederherzustellen, die Zwangsideen zunehmen. *Aber* – Kontrolle führt zu mehr als nur zu Vorhersagbarkeit. Kontrolle ist Vorhersagbarkeit plus etwas anderes.

Kontrolle und Verständnis

Vor ein paar Jahren wurde eine Frau namens Linda von ihrem Hausarzt zu mir geschickt. Linda hatte vor kurzem ihre Arbeit gekündigt und kümmerte sich nun zu Hause um ihr neugeborenes Baby. Sie erklärte mir, vor der Geburt des Babys wäre sie einer Ganztagsarbeit nachgegangen und hätte zudem noch ohne Schwierigkeiten die ganze Hausarbeit erledigt. Das wöchentliche Einkaufen, Wäschewaschen usw. sei alles nach Routine gelaufen, und sie habe sich im allgemeinen entspannt und glücklich gefühlt. Seit sie jedoch mit dem Baby zu Hause sei, habe sich alles geändert.

Jetzt habe sie ständig Angst und fühle sich nicht wohl in ihrer Haut. Sie sagte, sie habe sehr viel Freizeit, etwas, wonach sie sich immer gesehnt habe, als sie noch zur Arbeit ging, könne sie aber nicht genießen. Ihr ständiges Unwohlsein habe allmählich so zugenommen, daß sie – ganz gleich, ob sie aus dem Haus ging oder zu Hause blieb – überängstlich wurde.

Wie sich allmählich herausstellte, war Lindas wachsende Angst darauf zurückzuführen, daß sie ihre Routine verloren hatte. Die Geburt des Babys und der Verzicht auf ihre Arbeit hatten die Strukturen in Lindas Leben drastisch verändert. Obwohl sie sich nicht in einer ernstzunehmenden, bedrohlichen Situation befand, reagierte ihr Wachposten auf die Veränderung und bereitete ihr Unwohlsein. Da sie zudem noch sehr viel Freizeit hatte, etwas, das sie nicht gewohnt war, sah sie keine Notwendigkeit, ihre Zeit so zu organisieren, wie sie das früher tun mußte.

Als Folge all dieser Veränderungen und der neugewonnenen Freiheit hatte Lindas Leben jegliche Struktur verloren. Doch Linda hatte das nicht bemerkt. Schließlich hatte sie doch jetzt so viel freie Zeit, die sie mit ihrem Baby verbringen konnte – und trotzdem fühlte sie sich unwohl. Sie machte sich über ihre Gefühle allmählich immer mehr Sorgen. Was wiederum dazu führte, daß ihr Wachposten weiterhin wachsam blieb.

Ab Seite 113 werden wir uns in allen Einzelheiten ansehen, wie Linda ihr Problem bewältigte. Vorläufig ist es genug zu wissen, daß ihre Geschichte uns den zweiten Aspekt von Kontrolle veranschaulicht – das Verständnis. Kontrolle wird erst dann zur wahren Kontrolle, wenn wir verstehen, wie und warum wir Kontrolle haben. Wäre Linda sich darüber im kla-

ren gewesen, warum sie sich nach den Veränderungen in ihrem Leben so unwohl fühlte, hätte sie selbst ihre Gestimmtheit beeinflussen und das Problem auf eigene Faust lösen können.

Widerstand gegen das Verständnis

Wenn man im Dienste der seelischen Gesundheit tätig ist, stößt
man häufig auf das Problem, nach Begründungen suchen zu müssen, die akzeptiert werden können. Selbst in unserer sogenannten aufgeklärten Gesellschaft gibt es Menschen, die der Ansicht sind, daß es gesellschaftlich weniger
akzeptabel ist, aufgrund einer seelischen Erkrankung oder eines kleineren
psychischen Problems Hilfe in Anspruch zu nehmen als wegen eines körperliches Problems.

Wenn Sie sich ein Bein brechen, werden Sie nicht zu vertuschen
versuchen, daß Sie im Krankenhaus waren, um sich einen Gips legen zu lassen. Jeder weiß, daß ein gebrochenes Bein von einem Arzt gerichtet werden
muß. Außerdem kann sich jeder anhand des Röntgenbildes davon überzeugen, daß tatsächlich eine Verletzung vorliegt.

Wenn Sie jedoch an einer Angststörung leiden oder eine Phase der
Depression durchlaufen, können wir uns als Beweis für Ihre Gefühle nur auf
Ihre Worte verlassen. Falls Sie professionelle Hilfe in Anspruch nehmen,
werden Sie das nicht an die große Glocke hängen, weil andere das als eine
Schwäche ansehen oder viel Lärm um nichts machen könnten. Daher stellen
wir häufig fest, daß sich einige Menschen, selbst wenn sie sich mit einem psychischen oder sogar einem psychiatrisch relevanten Problem nach Hilfe um-
gesehen haben, immer noch einzureden versuchen, das Ganze habe körperliche Ursachen. Einer meiner Patienten, wir wollen ihn John nennen, ist ein
herrliches Beispiel dafür.

John wurde zu mir in die Praxis geschickt, weil er an Rückenschmerzen litt, die sich stets verschlimmerten, wenn er Probleme mit der Arbeit hatte. Zunächst beharrte John darauf, er hätte am Rücken eine echte
Verletzung, die sich auf einen Sportunfall zurückführen ließe, den er vor ein
paar Monaten gehabt hatte. Die Untersuchungen im Krankenhaus hatten
bislang negative Resultate erbracht. Über die mögliche körperliche Verletzung hinaus hatte John zudem echte Probleme mit seiner Arbeit. Er war der
klassische Fall eines Menschen, der die Arbeit, für die er ausgebildet war,
wirklich gut tat, der zufrieden war und dem das Leben Spaß machte. Weil er
in seiner Arbeit so gut war, entschlossen sich seine Vorgesetzten, ihn zu be-
fördern. Er wurde von einer praktischen Tätigkeit zur Schreibtischarbeit be-

fördert. Er war nun nicht länger »einer der Jungs«, die rausfuhren und Dinge arrangierten. Er war nun im Management.

Zuerst machte ihm das nicht allzuviel aus. Die Gehaltserhöhung glich den Verlust seiner alten Arbeitskollegen aus. Doch John wurde allmählich immer unzufriedener mit seiner neuen Arbeit. Er mußte jetzt für einen Vorgesetzten arbeiten, der unüberlegt handelte, ihn nie eine Arbeit richtig zu Ende bringen ließ und immer gleich zur nächsten drängte. Nach und nach verlor er seine Zufriedenheit. Er fühlte sich gehetzt und seine Arbeit stellte ihn nicht mehr zufrieden. Er konnte nicht länger voraussagen, was er den nächsten Tag oder die nächste Woche tun würde. Er war nicht in der Lage, so viele Arbeiten gut auszuführen. Und er war unausgesetzt den unvorhersagbaren Launen seines Chefs ausgesetzt.

Je mehr Johns Gefühl nachließ, über seine Arbeit Kontrolle zu haben, desto stärker wurden seinen Rückenschmerzen und seine Angst. Durch die Behandlung begann John zu verstehen, was auf der Arbeit passierte, so daß er sich bestimmte Routinetätigkeiten ausdenken konnte, die auf anderen Erwartungen gründeten als denen, die er in seiner vorherigen Arbeit gewohnt war. Dennoch konnte John es in seinem tiefsten Innern nicht akzeptieren, daß sein Problem eher psychischer Natur und nicht auf eine Rückenverletzung zurückzuführen war.

Dies kam schließlich klar zum Ausdruck, als er eines Tages verzweifelt um »irgendein anderes Medikament« zur Linderung seiner Schmerzen bat. Sein Hausarzt war bereit, ihm etwas zu verschreiben, John wollte jedoch auf keinen Fall irgendein Schmerzmittel nehmen, das zur Abhängigkeit führen könnte, und am Ende ließ sich nichts finden, was nicht suchterzeugend und gleichzeitig stark genug war, seine Schmerzen zu lindern. In seiner Verzweiflung mußte John sich eingestehen, daß seine Rückenschmerzen vielleicht doch zum Teil psychische Ursachen hatten. Ab diesem Moment wandte er Entspannungstechniken an und hörte Hypnose-Kassetten, um die Spannung abzubauen, die seine Schmerzen ihm bereiteten.

Ein paar Monate später erbrachte die Behandlung ein wirklich erstaunliches Resultat. Es genügt, darauf hinzuweisen, daß John erst, nachdem ihm klar geworden war, daß es keine Medikamente gab, die er akzeptieren konnte, glaubte, daß sein Problem psychische Ursachen haben und folglich auch mit psychologischen Mitteln behandelt werden könnte. Das war der Wendepunkt in seiner Behandlung.

Eine andere Patientin, Angela, machte ähnliche Erfahrungen. Sie litt an schweren Angstattacken. Es wurden ihr psychologische Methoden zur Bewältigung ihres Problems beigebracht, doch sie setzte diese nie in die Praxis um. Letztlich war sie dem Glauben verhaftet, ein Gehirntumor sei die wahre Ursache ihrer Attacken. Als ich ihr schließlich eines Tages mitteilte, sie brauche nicht mehr zu mir zu kommen, da meine Behandlung ihr offensichtlich nicht gut tat, war sie gezwungen, sich mit der Situation auseinanderzusetzen. Sie fing nun an, ernsthaft an die psychischen Ursachen ihrer Angst zu glauben und die Methoden anzuwenden, die man ihr zur Linderung ihrer Attacken beigebracht hatte. Von diesem Tag an begann sich ihr Zustand zu bessern.

Ich mußte immer wieder feststellen, daß Patienten, selbst wenn sie behaupten, ihre Symptome zu verstehen, ernsthaft glauben, es gäbe irgendeine Pille, die sie heilen könnte. Erst wenn sie erkennen, daß sie von einer falschen Annahme ausgegangen waren, und anfangen, die Dinge selbst in die Hand zu nehmen, bessert sich ihr Zustand allmählich.

Um eine Krankheit bekämpfen zu können, muß der Patient bereit sein, ein gewisses Maß an Kontrolle auszuüben. Bei psychischen Problemen muß er bereit sein, fast vollständig selbst die Kontrolle zu übernehmen. Bei körperlichen Krankheiten kann die Kontrolle zu einem Teil dem Arzt überantwortet werden, doch es hilft, wenn der Patient auch daran glaubt, selbst etwas zu seiner Genesung beitragen zu können. Heute ist man der Ansicht, daß Krebspatienten bessere Überlebenschancen haben, wenn sie daran glauben, daß sie selbst auch einen Teil zu ihrer Besserung beitragen können, anstatt zu glauben, sie seien den Ärzten auf Gedeih und Verderb ausgeliefert.

Aus verschiedenen Gründen neigen Menschen zu der Annahme, daß jedwede Krankheit, an der sie leiden, notwendigerweise körperliche Ursachen haben müsse. Zum einen werden, wie wir bereits gesehen haben, körperliche Erkrankungen von den anderen eher akzeptiert. Es haftet ihnen kein Makel an – es ist »nicht Ihre Schuld«.

Zum anderen ist es Sache der Ärzte, Sie zu heilen, wenn Sie eine körperliche Krankheit haben. Sie selbst können nur wenig dazu beitragen – die Verantwortung liegt bei den Ärzten.

Die dritte Grund ist der, daß die meisten von uns verstehen können, warum wir uns krank fühlen, wenn es eine körperliche Ursache gibt. Wir können uns anhand von Testergebnissen oder ähnlichem von der Krankheit überzeugen. Im Falle einer psychischen Erkrankung steht uns kein Beweismaterial zur Verfügung, das wir uns anschauen könnten. Daher sind sie schwerer zu akzeptieren.

Folglich gehört zur Kontrolle sowohl die Vorhersagbarkeit als auch das Verständnis. Bevor wir die Kontrolle über etwas übernehmen können, müssen wir es verstehen. Angela und John waren nicht in der Lage, Kontrolle über ihre psychischen Probleme auszuüben und sie allmählich zu lösen, bevor sie nicht die Annahme aufgaben, ihre Probleme seien in erster Linie körperlich bedingt.

Alleinlebende Frauen, verheiratete Männer

Kontrolle hat für verschiedene Menschen verschiedene Bedeutung. Zum Beispiel haben es einige Menschen gern, wenn alles sauber und ordentlich ist, und fühlen sich bedroht bzw. ihre Wachposten werden wachsam, wenn sie mit jemandem zusammenleben, der unordentlich ist. Wieder anderen ist Ordnung völlig unwichtig, und sie sind ganz zufrieden damit, daß sie nach allem erst suchen müssen.

Es gibt eine interessante Statistik, welche besagt, daß psychische Probleme, die auf Angst zurückzuführen sind – das heißt Streß, Nervenzusammenbrüche usw. – bei alleinlebenden Männern eher auftreten als bei verheirateten Männern, aber bei verheirateten Frauen häufiger vorkommen als bei alleinlebenden Frauen. Wenn Sie sich also nach Seelenruhe sehnen und ein Mann sind, sollten Sie heiraten: Falls Sie eine Frau sind, bleiben Sie besser Single. Diese Statistiken ergeben einen Sinn, wenn wir sie unter dem Gesichtspunkt der Kontrolle betrachten.

In den letzten Jahren habe ich in Zeitschriften etliche Interviews gelesen, in denen erfolgreiche Frauen sagten, sie hätten gerne eine Frau im Haus, die sich um den Haushalt kümmert, damit sie sich auf ihre Karriere konzentrieren können. Das ist natürlich etwas, was Männer seit Jahrzehnten traditionellerweise gehabt haben – eine Frau im Haus, die für sie das Leben organisierte und dafür sorgte, daß zu Hause alles unter Kontrolle blieb. Sie konnten es einfach genießen, eine Familie und ein Heim zu haben, es wurde ihnen die Wäsche gewaschen und das Essen gekocht, so daß sie ihrer Arbeit mehr Zeit und Energie widmen konnten.

Ein alleinlebender Mann hingegen muß nicht nur arbeiten, sondern sich auch noch um die Wäsche, das Einkaufen usw. kümmern. Und das alles ohne die emotionale Nähe einer Familie. So gibt es für ihn wesentlich mehr Dinge, die er gleichzeitig unter Kontrolle bringen muß.

Aber, werden sie einwenden, die alleinstehende Frau befindet sich ja wohl in derselben Situation? In gewissem Maße ja. Andererseits wurden kleine Mädchen jahrhundertelang dazu erzogen, die wesentlichen Haushaltsarbeiten zu beherrschen, und, was überaus wichtig ist, sie wuchsen mit der Erwartung auf, daß sie später einmal selbst den Haushalt führen werden. Für sie ist Haushaltsarbeit dasselbe wie Zähneputzen oder Haarewaschen. In den meisten Fällen ist die Fähigkeit, auf diese Weise für sich selbst zu sorgen, eine solche Routinesache, daß ihre Wachposten vollkommen ruhig bleiben. Obwohl aufgeklärte Eltern heutzutage ihre Söhne dazu erziehen, in Haushaltsangelegenheiten ebenso fähig zu sein wie ihre Töchter, haben ganze Generationen von Männern von ihren Eltern völlig andere Erwartungen an das Leben anerzogen bekommen.

Als ich ein Kind war, widmeten verheiratete Frauen ihr Leben vor allem und in erster Linie der Sorge für ihre Familien. Sie sorgten für ihre Söhne bis diese heirateten und deren Ehefrauen die Aufgabe übernahmen. Verschiedene gesellschaftliche Veränderungen haben dazu geführt, daß viele dieser Söhne jetzt selbst zurechtkommen müssen. Obwohl viele bereit sind, diese Dinge zu leisten, ist es für sie dennoch nicht so einfach zu akzeptieren wie für ihre Schwestern und bedeutet für ihre Wachposten eine zusätzliche Anspannung, weswegen alleinstehende Männer eher dazu neigen, Angstsymptome zu entwickeln als verheiratete Männer.

Verheiratete Frauen hingegen sind angstanfälliger, weil von ihnen erwartet wird, daß sie mit ungeheuer vielen Aspekten des Lebens zurechtkommen, die sie nicht völlig unter Kontrolle haben. Man erwartet von ihnen, daß sie alles für ihre Familie tun, obwohl jetzt viele ihre eigene Karriere verfolgen. Weil sie ihre Aufmerksamkeit auf so viele Dinge gleichzeitig richten müssen, haben sie vielleicht niemals das Gefühl, irgend etwas wirklich unter Kontrolle zu haben, sondern eher das Gefühl, Tag für Tag mit allen möglichen unvorhergesehenen Dinge zu Rande kommen zu müssen.

Natürlich sind das grobe Verallgemeinerungen. Wir alle kennen Menschen, auf die das überhaupt nicht zutrifft. Nicht jeder Mensch, der großem Streß ausgesetzt ist, entwickelt eine Angststörung. Doch wenn es einmal dazu kommt, liegen die Gründe unter Umständen in den soeben aufgezeigten Grundstrukturen. Die Gesellschaft hat sich in den letzten zwanzig Jahren im Hinblick auf die Erwartungen, die an Männer und Frauen gestellt werden, so sehr verändert, daß wir uns davor hüten müssen, die Dinge unhinterfragt hinzunehmen. Wenn Menschen nicht in der Lage sind, mit bestimmten Aufgaben zurechtzukommen, stellt sich nicht nur die Frage, ob sie die Fähigkeit dazu besitzen, sondern auch, ob sie je die Erwartung hatten, eines Tages damit zurechtkommen zu müssen.

Wenn Sie etwas bewältigen müssen, worauf Sie geistig nicht vorbereitet sind, bedeutet das für Ihren Wachposten dieselbe Anspannung, wie wenn Sie sich an einem fremden Ort befinden. Wenn Sie sich plötzlich in der Situation befinden, unerwarteten Forderungen genügen zu müssen, während sie gleichzeitig emotional durcheinander sind, wie etwa nach einem Trauerfall oder einer Scheidung, dann sind sie doppelt verletzlich.

Zudem ist mittlerweile Beweismaterial darüber veröffentlicht worden, daß unsere Widerstandsfähigkeit gegen die unterschiedlichsten Infektionen, sei es nun Erkältung, Grippe oder ähnliches, geringer ist, wenn wir unter Streß stehen oder uns Sorgen machen. Meine viktorianische Großmutter hatte immer auf der Ansicht beharrt, wenn man genug zu tun habe, habe man auch keine Zeit, krank zu werden. Angesichts der jüngsten Entdeckungen lautet die plausiblere Erklärung, daß Menschen, die etwas bewältigen müssen, das ihnen Spaß macht, ein gesundes Immunsystem aufrechterhalten, und ihnen daher die Bazillen, die anderen zu schaffen machen, vor allem denen, die mit ihrem Los unzufrieden sind oder die immer nur die schwarze Seite des Lebens sehen, nichts anhaben können.

Wenn wir heutzutage Kinder großziehen, ist es wichtig, daß wir das Leben nicht nur unter dem Gesichtspunkt betrachten, wie es ist, sondern auch unter dem, wie es sein wird, damit sie mit dem Morgen besser zurechtkommen als die heutigen Erwachsenen.

Lassen Sie uns zum Schluß die Definitionen, die ich Ihnen am Ende des ersten Kapitels gegeben habe, noch einmal unter dem Blickwinkel von Kontrolle und Vorhersagbarkeit (oder Erwartung) ansehen.

Furcht und Angst, so wie wir sie hier definieren, können wir beiseite lassen, da beides normale Reaktionen sind, die keine schlimmen Folgen haben, wenn man sofort richtig mit ihnen umgeht. Worauf wir unsere Aufmerksamkeit richten müssen, sind die anderen drei Spielarten dieser natürlichen Reaktionen – nämlich Streß, Besorgnis und Schuldgefühle.

Streß hatten wir definiert als »endloser Zustand der Anspannung oder Besorgtheit, auf den Körper und Geist auch weiterhin reagieren, da die Ursache nicht beseitigt wurde.« Streß ist ein ständiger, wenn auch erfolgloser Versuch, Kontrolle über das zu gewinnen, was beim Wachposten für Anspannung sorgt.

Johns Arbeitsstreß nach der Beförderung wurde von den unvorhersehbaren Forderungen seines Chefs verursacht und von der Tatsache, daß John keine Gelegenheit hatte, zunächst einmal eine bestimmte Arbeit zu seiner eigenen Zufriedenheit zu Ende zu bringen. Das führte zu einem fast ständigen Gefühl des Unwohlseins, zu einem Wachposten, der unentwegt angespannt war, weil Johns eigene Erwartungen an sich selbst und seine Vorstellung davon, wie eine gut getane Arbeit auszusehen hatte, nie erfüllt wurde. Da die Dinge auch weiterhin unvorhersagbar blieben, konnte der Wachposten sich nicht entspannen. Da sein Wachposten fast die ganze Zeit über wegen irgend etwas angespannt war, brauchte es nur einen kleinen zusätzlichen Auslöser, damit John richtiggehend ängstlich wurde.

Solch ein nicht enden wollendes Gefühl des Unwohlseins und der Unzufriedenheit, das die Person dann auf die kleinsten Störungen sehr empfindlich reagieren läßt, ist typisch für Streß.

Besorgtheit hingegen ist die Angst vor etwas, worauf die Person keinen Einfluß hat. Marys Sorgen über die Ehe ihrer Tochter sind ein Beispiel. Kurz gesagt: Besorgtheit ist der Versuch, über etwas die Kontrolle zu erlangen, über das Sie absolut keine Kontrolle haben.

Schuldgefühle sind eine Spielart der Besorgtheit. In diesem Fall richten sich jedoch die Sorgen auf etwas, das bereits geschehen ist. Schuldgefühle stellen eine Form von Zwanghaftigkeit dar. Es handelt sich dabei um das unablässige Nachdenken über etwas, das Sie getan haben, das Sie aber nicht in der Weise getan haben, wie Sie es Ihrer Meinung nach hätten tun müssen. Sie denken ständig darüber nach, als ob Sie durch Ihr ständiges Grübeln etwas am bereits Geschehenen ändern könnten. Dieser Versuch, Kontrolle über etwas zu erlangen, das bereits geschehen ist, ist ganz offensichtlich zum Scheitern verurteilt. Je nachdem, wie häufig die Gedanken auftauchen, reagieren Sie in der Folge ähnlich darauf wie auf Streß.

Im zweiten Teil des Buches, ab S. 73, werden wir uns natürliche Mittel und Wege ansehen, wie Sie diesen ganz offensichtlich ausweglosen Situationen entrinnen können, in denen Ihr Geist das Unkontrollierbare kontrollieren will.

Zusammenfassung

In diesem Kapitel wurde aufgezeigt, wie die meisten Menschen bei dem Versuch, Kontrolle auszuüben, gerade das Gegenteil erreichen. Kontrolle hat am Ende mehr mit dem zu tun, was Sie *denken*, als mit dem, was Sie *tun*, und hängt davon ab, ob Sie auf andere Menschen Einfluß ausüben können oder nicht.

Ganz unabhängig davon, wie Sie selbst die Kontrolle interpretieren, rühren Selbstvertrauen und Zufriedenheit aus dem Gefühl, daß Sie die Kontrolle über das haben, was Sie über sich selbst und wie Sie sein sollten denken. Laut dieser Definition müssen Sie, wenn Sie nicht zufrieden sind, entweder größere Kontrolle erlangen *oder* aufhören zu versuchen, Dinge unter Kontrolle zu haben, bei denen keine Hoffnung besteht, daß Sie sie jemals unter Kontrolle haben werden. Letzteres ist in den meisten Fällen die Lösung.

Vierter Verständnistest

1. Listen Sie alle Dinge auf, über die Sie sich derzeit Sorgen machen oder über die Sie sich in der letzten Zeit Sorgen gemacht haben.
2. Gehen Sie die Liste Eintrag für Eintrag durch und schreiben Sie sich genau auf, was *Sie* im jeweiligen Fall tun können – falls Sie überhaupt etwas tun können. Es ist wichtig, daß Sie nur das aufschreiben, was Sie persönlich tun können, und nicht das, wozu Sie die anderen zu bringen versuchen.

Bewahren Sie die Liste auf, wir werden später wieder darauf zurückkommen.

Sorgen:

1 verdorbene Lebensmittel, Salmonellen
2 Aids, Hepatitis
3 Krankheiten
4 Kinder werden krank
5 ich werde meiner Familie nicht gerecht
6 die Kinder könnten überfallen, mißhandelt oder vergewaltigt werden
7 die Kinder verunglücken beim Spiel

Was ich tun kann:

1→ Fleisch u. Eier gut durchgaren, Frischprodukte schnell aufbrauchen
2→ Unterlagen auf fremden WC's, Hepatitis-Impfung
3→ nach Möglichkeit Impfungen
4→   "
5→ mehr "Konzept" in meinen Alltag bringen
6+7→ zur Vorsicht ermahnen, Selbstvertrauen stärken

☰ Erinnerungsfenster

Die Weihnachtszeit ist für mich immer etwas ganz besonderes gewesen. In der Schule hatte ich die Angewohnheit entwickelt, für meine Familie und enge Freunde Kärtchen und Geschenkschildchen zu basteln. Ich tue das immer noch, sooft ich kann und Zeit habe oder meine anderweitigen Verpflichtungen es mir erlauben.

Vor ein paar Jahren behandelte ich um die Weihnachtszeit gerade eine junge Frau, die als Graphikkünstlerin arbeitete. Eines Tages erzählte sie mir von einem Design, das sie in diesem Jahr für ihre Kärtchen entworfen hatte, und bei dem sie das Siebdruckverfahren anwenden wollte.

Obwohl mir das Basteln meiner Kärtchen immer Spaß gemacht hatte, mußte ich mir stets genau überlegen, was ich zeichnen wollte, weil ich einfach nicht alles zeichnen kann. Eigentlich kann ich außer Stechpalmen, Weihnachtsbäumen und Kerzen überhaupt nicht viel zeichnen! Ich erzählte Paula davon, und beklagte mich darüber, daß ich keine Rotkehlchen zeichnen könne.

»Sie sehen nie echt aus«, sagte ich, nahm einen Stift zur Hand und führte es vor. »Sie sehen immer so aus!«

Aus Höflichkeit versuchte sie nicht zu lachen. Dann lehnte sie sich zurück und sah mich an. »Sie zeichnen nicht, was Sie sehen«, sagte sie ganz einfach.

Ich schaute mir mein Rotkehlchen an und begriff, was sie meinte. Mein Verstand hatte mir gesagt: »Ein Rotkehlchen hat einen Kopf, einen Körper, Flügel, zwei spindeldürre Beinchen und einen kurzen Schwanz«. Und das hatte ich dann auch gezeichnet.

Hätte ich mir jedoch die Mühe gemacht, das Rotkehlchen wirklich zu »sehen«, dann wäre mir aufgefallen, daß der Kopf sich nicht vom Körper absetzt, sondern daß beide ineinander übergehen.

Mit dieser einfachen anleitenden Bemerkung gab mir Paula weit mehr als eine Lektion im Zeichnen. Sie vermittelte mir eine Einsicht, die sich in psychologische Begriffe übertragen und in der Therapie anwenden ließ. Was ich seither auch getan habe, und zwar mit großem Erfolg. Ich werde dies später erklären, doch zunächst möchte ich erläutern, wie und warum es kommt, daß wir nicht immer das »sehen«, was wirklich da ist.

Nachdem wir bereits darauf hingewiesen haben, daß unsere Wachposten von Vorhersagbarkeit und Routine beruhigt werden, müssen wir uns jetzt noch bewußt machen, in welchem Ausmaß das geschieht. Unsere Gehirne sind tatsächlich so konstruiert, daß sie nach Vorhersagbarkeit und Mustern suchen. Sobald uns etwas Neues begegnet, sucht unser Wachposten sofort unser im Laufe der Zeit gespeichertes Wissen ab, bis er etwas findet, das der neuen Information möglichst ähnlich ist. Diese Information aus der Vergangenheit stellt nun die Glasscheibe dar, die er in unser Gedächtnisfenster einlegt. Durch dieses Fenster »sehen« wir die Gegenwart.

Je nach Art der Glasscheibe unseres Gedächtnisses wird unsere Wahrnehmung der gegenwärtigen Situation in unterschiedlichem Grad verzerrt. Nachdem der Wachposten etwas ausgewählt hat, was er für ein relevantes Fenster hält – und gesetzt den Fall, dieses Fenster wird nicht mit unangenehmen Gefühlen in Zusammenhang gebracht –, wird der Wachposten sich wieder entspannen und Sie weitermachen lassen. Wenn die ausgewählte Glasscheibe jedoch unangenehme Gefühle heraufbeschwört, wird der Wachposten wachsam bleiben und versuchen, Sie aus der Gefahrenzone herauszubringen, indem er die Furcht- oder Angstreaktion hervorruft.

Lassen Sie uns ein paar Beispiele anschauen – fangen wir mit einem an, bei dem es um neutrale Gefühle geht. Stellen Sie sich vor, Ihre Freundin führt Ihnen einen Mantel vor, den sie sich gerade gekauft hat. Sie rufen aus: »Sehr chic! Und was für eine ausgefallene Farbe!« Während Ihre Augen die ungewöhnliche Farbe wahrnehmen, vergleicht Ihr Gehirn sie mit all den Farben, für die es Namen hat.

Wenn Sie in visueller Hinsicht eine unkreative Person sind, die nur wenig Begabung besitzt, sich verschiedene Farbschattierungen in Erinnerung zu rufen, werden Sie diesen neuen Mantel vielleicht einfach als »grün« einstufen. Wenn Sie jedoch über eine breite Kenntnis der verschiedenen Farbnuancen und Schattierungen verfügen, sind Sie vielleicht in der Lage, die Farbe etwas genauer zu beschreiben, etwa als »Granny Smith«, »blasses Pfefferminz«, »Avocado« und so weiter. Ganz gleich, womit Ihr Gehirn diese neue Farbe vergleichen wird, es wird sie in dieser Weise in Erinnerung behalten. Je mehr Sie mit Ihrer ersten Einschätzung danebenlagen, desto schwerer wird es für Sie sein, sich genau an die Farbe zu erinnern. Je genauer Sie die Farbe beim erstenmal eingeschätzt haben, desto wahrscheinlicher ist es, daß Sie in der Lage sind, aus dem Gedächtnis heraus ein paar Handschuhe in derselben Farbe wie der Mantel Ihrer Freundin zu kaufen.

═══ Ereignisse und Erinnerungsfenster

Derselbe Prozeß findet bei Ereignissen statt. So läßt sich zum Teil erklären, wie Phobien zustande kommen. Das Erinnerungsfenster, das Ihr Wachposten einsetzt, enthält sowohl Gefühle als auch Sinneswahrnehmungen.

Nehmen wir einmal an, Sie sind in Ihrem Leben erst einmal auf eine Beerdigung gegangen und müssen plötzlich auf eine zweite gehen. Wenn Sie versuchen, sich das Ereignis im voraus vorzustellen, wird Ihr Wachposten nach einem entsprechenden Erinnerungsfenster suchen. Aller Wahrscheinlichkeit nach wird er dasjenige der Beerdigung auswählen, auf die Sie schon einmal gegangen sind.

Ist das Erinnnerungsfenster erst einmal eingesetzt, werden Sie zu der Vorstellung neigen, daß diese Beerdigung wie die letzte sein wird, selbst wenn Sie bewußt versuchen, anders darüber zu denken. Wenn also die erste an einem kalten Tag stattfand, werden Sie wahrscheinlich Beerdigungen mit Kälte assoziieren und dazu neigen, sich wärmer anzuziehen als sonst.

Wenn wir in dem gedanklichen Experiment einen Schritt weiter gehen, werden Sie, falls Ihr Erinnerungsfenster Gefühle enthält, die Ihnen unangenehm sind – nehmen wir an, Ihnen ist während der Messe flau geworden – anfangen, dem bevorstehenden Ereignis mit einem gewissen Maß an Bangigkeit entgegenzusehen. Unter diesen Umständen bleibt Ihr Wachposten wachsam. Möglicherweise werden Sie nun aufgrund Ihrer Anspannung auch wegen dieser Beerdigung eine leichte Verstimmung verspüren und die unangenehmen Erlebnisse noch einmal durchmachen. Aller Wahrscheinlichkeit nach werden Sie dazu neigen, Beerdigungen in Zukunft aus dem Weg zu gehen. Auf diese Weise kommen einige Phobien zustande.

Seltsamerweise kann es auch zu Problemen führen, wenn das Erinnerungsfenster angenehme Gefühle enthält. Nehmen wir einmal an, Ihr Freund hat Ihnen eine Fahrt mit seinem neuen Rolls-Royce versprochen. Sie ergreifen die Gelegenheit beim Schopf. Ihr Wachposten holt das Erinnerungsfenster aus der Zeit hervor, als Sie eine Reise zu einem Rennen gewonnen hatten, bei der Sie auch in einem Rolls-Royce fahren durften.

An diesem Punkt entspannt sich Ihr Wachposten, weil er Ihre Anspannung eher als angenehm denn als unangenehm deutet, und Sie können die Spannung genießen. Sie werden aufgeregt und erwarten sich große Dinge von der Fahrt, weil es früher schon einmal so war. Doch dann ist die Fahrt zwar angenehm, aber eben doch einfach nur eine Fahrt, die weit hinter Ihren Erwartungen zurückbleibt. Vielleicht sind Sie nun enttäuscht. Diese negative Erfahrung wird jetzt von Ihrem Wachposten mit dem bestimmten Erinnerungsfenster verbunden, wobei die alten Assoziationen ersetzt werden. Wenn Ihnen später wieder eine Fahrt in einem Rolls-Royce angeboten wird, sucht Ihr Wachposten das entsprechende Erinnerungsfenster heraus, das die etwas gedämpften Gefühle enthalten wird, die Sie gerade empfunden hatten, und daher neigen Sie nun dazu, die nächste Erfahrung in diesem Licht zu sehen.

Natürlich kann auch das Gegenteil passieren. Möglicherweise bekamen Sie von Ihrem Wachposten ein sehr langweiliges und uninteressantes Erinnerungsfenster, durch das Sie Ihre neue Erfahrung betrachten sollten, doch die Erfahrung selbst ist unter Umständen so phantastisch, daß sich Ihr Erinnerungsfenster am Ende in eine positive Richtung verändert. Diese Art von Wandel tritt zum Beispiel oft ein, wenn wir uns verlieben.

Ist Ihnen schon einmal gesagt worden, daß Sie »die Welt durch eine rosa Brille sehen?« Nun, wenn Sie sich verlieben, dann verändern Sie in den ersten leidenschaftlichen Tagen oder Wochen auf subtile Weise all die Erinnerungsfenster, die Sie benutzen, so daß Sie gute Gefühle mit ihnen assoziieren. Ihre sämtlichen Erfahrungen bekommen eine leichte Rosafärbung. Ich habe Menschen gekannt, die unter den unterschiedlichsten Ängsten und Phobien litten, sie aber in solchen Zeiten fast vollständig in den Griff bekamen. Das rosagefärbte Erinnerungsfenster blendet gewöhnlich alle anderen aus und mischt allem, was Sie tun, ein Gefühl von Wärme und Wohlbehagen bei.

Das gleiche passiert, wenn Sie das »trübe« Erinnerungsfenster einsetzen, das all ihre Erlebnisse mit der trüben Farbe von Traurigkeit oder Unglück einfärbt. Wenn irgend etwas Ihnen schwer zu schaffen macht, wirkt sich das gewöhnlich auf alles aus, was Sie fühlen oder tun, macht Sie traurig und läßt traurige Erinnerungen in Ihnen hochkommen. Beide, die rosa und die trübe Färbung, verblassen gewöhnlich mit der Zeit.

Da unser Wachposten ständig versucht, jede neue Erfahrung mit einer gespeicherten Erinnerung zu vergleichen, sehen wir die Welt tatsächlich eher durch unsere Erinnerungen hindurch, als so, wie sie wirklich ist. Diese Neigung kann bei jemandem, der sehr viele unangenehme Erinnerungen hat, ganz entschieden ungünstige Auswirkungen haben.

Da unsere Wachposten diese Erinnerungsfenster einsetzen, ohne daß wir uns dessen bewußt sind, können sie uns behindern, wenn wir die Dinge so sehen sollen, wie sie wirklich sind – wie es bei mir und dem Rotkehlchen der Fall war. Deshalb ist auch die Art und Weise, wie kleine Kinder die Welt wahrnehmen, so erfrischend, da sie weniger von diesen gespeicherten Vergleichen behindert werden.

Stellen Sie sich vor, am anderen Ende Ihrer Straße steht ein weißes Haus. Eines Tages nehmen Sie Ihre drei Jahre alte Nichte bei Sonnenuntergang auf einen Spaziergang mit. Am nächsten Tag möchte Ihre Nichte ein Bild von dem Haus malen. Als das Bild fertig ist, sehen Sie, daß sie die Wände rosafarben gemalt hat. »Das Haus war weiß«, sagen Sie. Das Kind besteht darauf, daß das Haus rosafarben war. Schließlich erinnern Sie sich daran, daß Sie das Haus bei Sonnenuntergang gesehen haben. In dem leuchtenden Licht der untergehenden Sonne sah das Haus tatsächlich rosafarben aus.

Für Sie war es alles in allem immer noch ein weißes Haus. Obwohl Ihre Augen das Rosa wahrnahmen, nahm Ihr Geist aufgrund der Tatsache, daß es Sonnenuntergang war, Änderungen vor, und vielleicht ist Ihnen nicht einmal aufgefallen, daß es rosafarben aussah. Das Kind hingegen war sich der Effekte, die ein Sonnenuntergang hervorruft, nicht bewußt, und sah das Haus so, wie es wirklich war – rosa!

Solche Dinge passieren ständig, und oft sind wir uns ihrer nicht bewußt. Wir neigen dazu, die Welt durch unsere »Erinnerungsfenster« zu sehen, durch die gespeicherten Deutungen dessen, was unsere Augen, Nasen und Ohren wahrnehmen – und nicht so, wir unsere Sinne die Dinge wirklich aufnehmen. Weiter hinten in diesem Buch werde ich Mittel und Wege aufzeigen, wie Sie zur urspünglichen Kraft unserer Sinne zurückfinden können, falls das für Sie von Nutzen ist.

Für die Kontrolle ist das alles insofern von Bedeutung, als erfolgreiche Kontrolle darauf beruht, daß Sie in der Lage sind, die Dinge, wenn es nötig ist, wieder so sehen zu können, wie sie wirklich sind.

Zusammenfassung

In diesem Kapitel habe ich Ihnen zu zeigen versucht, daß wir die meiste Zeit gar nicht auf die Realität reagieren, sondern auf das, von dem wir *denken*, daß es die Realität ist. Die Kontrolle beruht darauf, daß wir in der Lage sind, das Leben wieder mit den Augen eines Kindes zu sehen.

Fünfter Verständnistest

Nehmen Sie sich täglich ein bißchen Zeit, die Dinge um Sie herum zu betrachten und sich zu fragen: »Wenn ich das jetzt malen müßte, welche Farbe würde ich nehmen?« Drehen Sie zum Beispiel den Wasserhahn auf. Wenn Sie davon ein Bild malen müßten, welche Farbe hätte dann das Wasser? Sie können auch versuchen so zu tun, als müßten Sie einem Blinden eine Szene beschreiben, die er noch nie gesehen hat. Wie sieht zum Beispiel eigentlich ein Baum aus? Wie bewegt er sich?

Diese Erfahrung wird Sie lehren, daß Sie die Dinge nicht wirklich so sehen, wie sie sind, sondern vielleicht so, wie sie Ihnen präsentiert wurden, und daß Sie Ihre Sichtweise nie auf den neusten Stand gebracht haben. Sie können sich auch eine Person zum Thema wählen, die Sie sehr gut kennen – zum Beispiel Ihre Mutter. Wie würden Sie sie wahrnehmen, wenn Sie sie nicht kennen würden? Was sind Ihrer Ansicht nach ihre Ziele und Bestrebungen?

Zusammenfassung des ersten Buchteils

Nun wissen Sie also, wodurch Sorgen, Streß und all die anderen unangenehm starken Anspannungen hervorgerufen werden. Ich hoffe, die folgende Zusammenfassung der ersten fünf Kapitel wird Ihnen nützlich sein.

Wir alle haben in unseren Gehirnen einen Mechanismus, der uns vor Gefahr warnt. Um dies für unsere Zwecke anschaulich zu machen, haben wir dafür das Bild von dem Wachposten gewählt. Ebenso wie wir mit unterschiedlichen Haarfarben und unterschiedlichen Körperformen zur Welt kommen, kommen wir auch mir verschiedenen Typen von Wachposten auf die Welt. Wir haben diese Wachposten in drei Typen eingeteilt, den überwachsamen und leicht erregbaren Wachposten, den Teetrinker, der durchschnittliche Reaktionen zeigt, und den schläfrigen Wachposten, der nicht leicht in Erregung zu versetzen ist. Die Fähigkeit einer Person, in einen Zustand der Anspannung versetzt zu werden, hängt sowohl von der vererbten Art des Wachpostens als auch von der Weise ab, wie wir diesen Wachposten über die Jahre hinweg trainiert haben. Alles, was neu ist, was vom Gewohnten abweicht oder zu einem früheren Zeitpunkt für unangenehm befunden wurde, wird den Wachposten in Anspannung versetzen. Ob der Wachposten angespannt bleibt, hängt davon ab, ob Sie ihm sagen, daß die Empfindungen, die Sie gerade verspüren, erfreulich oder unerfreulich sind. Wenn Sie Ihrem Wachposten mitteilen, daß sie erfreulich sind, wird sich der Wachposten entspannen und Sie werden die hohe Anspannung als aufregend empfinden. Wenn Sie die Anspannung unerfreulich finden, werden Sie sehen, daß er eine der verschiedenen Angstreaktionen zeigt.

Der Wachposten versucht herauszufinden, ob eine neue Situation potentiell gefährlich ist oder nicht, indem er sie mit ähnlichen Situationen aus der Vergangenheit vergleicht. Er versucht, ein entsprechendes Erinnerungsfenster auszuwählen, durch das Sie die gegenwärtige Situation betrachten können.

Erinnerungsfenster helfen dem Wachposten dabei, sich ruhiger zu fühlen, da sie einen gewissen Grad an Vorhersagbarkeit mit sich bringen, das heißt, Sie neigen nun zu der Erwartung, daß die Dinge so sein werden wie früher. Falls Erinnerungsfenster schlechte Assoziationen wecken, kann sie Ihre Sichtweise der Gegenwart auf eine negative Weise einfärben. Erinnerungsfenster, die gute Assoziationen wecken, können positive Erwartungen wecken. Ganz gleich, um welche Situation es sich handelt, ist das ausgewählte Erinnerungsfenster unter Umständen nicht angemessen und kann Sie daran hindern, die Dinge so zu sehen, wie sie wirklich sind.

Vorhersagbarkeit wirkt beruhigend auf den Wachposten. Vorhersagbarkeit geht mit einem Gefühl der Kontrolle einher. Das Gefühl, die Kontrolle zu verlieren, ist Folge einer größeren Starrheit der Erwartung und des Verhaltens in dem fehlgeleiteten Versuch, die Kontrolle wiederzuerlangen. Dies führt zu noch mehr Angst . . . und so weiter.

Zufriedenheit rührt daher, daß wir kontrollieren, was kontrolliert werden kann und sollte, und nicht daher, etwas zu kontrollieren, was nicht kontrolliert werden kann und es auch nicht sollte.

Gott, gebe mir die Gelassenheit, die Dinge hinzunehmen, die ich nicht ändern kann, den Mut, die Dinge zu ändern, die ich ändern kann, und die Weisheit, das eine vom anderen zu unterscheiden.

Gebet um Gelassenheit

Wie Sie positiv mit Ihren Gefühlen umgehen

≡ ## Geduld, Beharrlichkeit und der Ruhetank

Wenn es so leicht ist, sich keine Sorgen zu machen, und wenn es so gut für uns ist, warum tun wir es dann nicht alle?

Die Antwort darauf lautet – weil es nicht leicht ist. Zumindest ist es nicht leicht, den Anfang zu machen. Die meisten Menschen bringen die meiste, wenn nicht gar die ganze Zeit ihres Lebens damit zu, schlechten Gewohnheiten nachzugehen. Wir könnten sie niemals über Nacht ablegen, selbst wenn wir das versuchten. Sich Sorgen zu machen ist eine der schlechten Gewohnheiten, zu der uns die Gesellschaft noch zu ermuntern scheint – wie ich später in diesem Kapitel zeigen werde.

In diesem Teil dieses Buches werden wir uns einige Möglichkeiten ansehen, wie man diesen Wandel herbeiführen kann. Doch zunächst ein paar warnende Worte. Erinnern Sie sich, daß ungewöhnliche Ideen ebenso wie ungewöhnliche Situationen einen sehr wachsamen Wachposten in Anspannung versetzen können? Nun, die Tatsache, daß Sie dieses Buch überhaupt lesen, legt nahe, daß Ihr Wachposten wahrscheinlich von dieser Art ist, das heißt, daß Sie dazu neigen, schnell ängstlich zu werden. Daher wird auch der Versuch, Ihre derzeitige Gewohnheit, sich ständig Sorgen zu machen, zu ändern – selbst wenn sie noch so unangenehm ist – bei Ihnen ein Gefühl der Angst oder des Unwohlseins hervorrufen. Dagegen können Sie jedoch etwas tun. Versuchen Sie zunächst einmal nicht, sich zu ändern. Zuerst sollten Sie bloß über die Möglichkeit nachdenken, daß Sie sich in Zukunft vielleicht ein wenig ändern werden.

Wenn Sie sich an diese neuen Ideen gewöhnt haben, können Sie mit dem Gedanken spielen, sie auch in die Praxis umzusetzen – in den nächsten Kapiteln werden wir sehen, wie das geht. Vorerst sollten Sie, sobald Sie sich an einem bestimmten Punkt Ihrer Lektüre aufgrund einiger Ideen unwohl fühlen, das Buch eine Weile liegen lassen, um Ihrem Verstand Zeit zu geben, sich an sie zu gewöhnen, bevor Sie weiterlesen.

Zwei Gestalten, mit denen man bei all dem vertraut sein muß, sind Geduld und Beharrlichkeit. Wir werden ihnen gleich begegnen. Mit Hilfe dieser Eigenschaften kann es jeder schaffen – man muß es nur wollen.

Der Wille ist ausschlaggebend. Wenn man sich von schlechten Gewohnheiten, wie etwa Eßsucht oder Rauchen, mit bestimmten Heilkuren befreien möchte, funktioniert das auf lange Sicht nur bei Leuten, die das auch wirklich aus tiefstem Herzen wollen. Und so läßt sich auch die Gewohnheit, sich ständig Sorgen zumachen, nicht durch halbherzige Versuche ablegen. Manchmal gelingt das eine Weile, bis der Reiz des Neuen vorbei ist. Dann kommt es zum Rückfall, und man schiebt die ganze Schuld auf die Heilmethode.

Tatsache ist, daß keine dieser Heilkuren, mit deren Hilfe man solche Gewohnheiten ablegen will, ohne die geduldige Beharrlichkeit der betreffenden Person anschlagen wird. Es gibt keine *magischen* Lösungen – aber Lösungen gibt es schon.

Sich die ständige Besorgtheit abzugewöhnen hat jedoch einen Vorteil gegenüber dem Versuch, mit dem Rauchen oder übermäßigem Essen aufzuhören – Sie versuchen, sich etwas abzugewöhnen, was nicht sonderlich angenehm ist. Daher sollten Sie den Wandel ganz bewußt und aus tiefstem Herzen wollen – es sei denn, Sie sind Masochist. Wenn Sie erst einmal damit aufgehört haben, sich ständig Sorgen zu machen, werden Schuldgefühle und Streß ganz von alleine aufhören.

Sich keine Sorgen mehr zu machen geht nicht über Nacht. Es hat schon seinen Grund, daß Geduld und Beharrlichkeit wesentliche Begleiter des Ganzen sind. Die Geduld wird Sie ermutigen, die Dinge sehr langsam anzugehen, und zunächst die eine Sache in den Griff zu bekommen, bevor Sie die nächste in Angriff nehmen. Die Geduld läßt Sie Ihre Ruhe bewahren, während die Beharrlichkeit Sie zwingt, in Ihren Bemühungen nicht nachzulassen, wenn die Dinge nicht ganz so laufen, wie Sie sich das beim ersten Anlauf gedacht hatten, oder sogar beim zweiten oder dritten . . .

Auf alle Fälle haben Grübler, wie wir bereits gesehen haben, in der Regel eine Neigung zur Zwanghaftigkeit. Diese Neigung kann nun positiv genutzt werden, indem man sie darauf richtet, es immer wieder zu versuchen, anstatt sich über sich selbst zu ärgern, daß man es nicht gleich beim ersten Mal richtig gemacht hat.

Sie werden die Geduld im Laufe der Zeit, in der Sie sich mit ihr beschäftigen, noch besser kennenlernen. Am Anfang ist nur schwer mit ihr auszukommen, doch sie wird mit Ihnen wachsen und eine echte Freundin werden.

Der Versuch, sich keine Sorgen mehr zu machen, erinnert mich sehr daran, wie wir als Kinder versuchten, riesige Schneebälle zu bauen. Es fing mit einer Handvoll zusammengedrücktem Schnee an, der oft schon zerfiel, bevor ich überhaupt begonnen hatte. Die Beharrlichkeit trieb mich an, es noch einmal mit einer neuen Handvoll Schnee zu versuchen. Mit Geduld formte ich sorgfältig einen Schneeball. Schließlich hatte ich einen kleinen Schneeball, der stark genug war, um nicht auseinanderzufallen, wenn ich ihn über den schneebedeckten Grund rollte. Beim Rollen wurde er größer und fester. Je größer er wurde, desto weniger brauchte er die Hilfe von Geduld und Beharrlichkeit. Bald konnte der Schneeball ganz alleine den Hügel hinunterrollen und war am Ende so groß und stark, daß ich auf ihm stehen konnte.

Sollten Ihre Versuche, sich Ihre Sorgen abzugewöhnen, in den ersten Tagen nichts fruchten – denken Sie an meinen Schneeball. Sie werden es schließlich schaffen, wenn Sie Ihre Ziele nicht aus den Augen verlieren. Sorgen Sie dafür, daß Geduld und Beharrlichkeit Sie begleiten, und lassen Sie sich von Ihrer Ungeduld nicht ablenken oder von Ihrem Weg abbringen – es kann nur leichter werden.

Hier wird die Beharrlichkeit Ihnen helfen. Die Beharrlichkeit ist stark und bestimmt. Doch die Beharrlichkeit verausgabt sich auch nicht in nutzlosen Anstrengungen. Sie richtet ihre Energien auf den Punkt, der am wirksamsten zu sein verspricht. Sie vergeudet Ihre Energien nicht in Ärger oder dem Wunsch, die Dinge wären anders. Die Beharrlichkeit macht weiter, ruhig und bestimmt. Die Beharrlichkeit weiß, wohin sie geht, und sie geht in der richtigen Richtung weiter, ganz gleich, wie langsam der Fortschritt ist und ganz gleich, welche Schwierigkeiten sich ihr in den Weg stellen. Nehmen Sie die Beharrlichkeit mit auf Ihren Weg.

Die beiden werden dann Ihre Begleiter sein. Stellen Sie sie sich bildlich vor. Schauen Sie sich die beiden an, wenn Sie nur noch schwer vorwärtskommen, und fragen Sie sich ernsthaft, ob Sie ihrem Beispiel folgen. Wie bereits dargelegt, ist es ein sehr wirksames Mittel, wenn man Bilder benutzt.

Nun wollen wir unsere Reise damit beginnen, daß wir uns jene Menschen anschauen, die sich nicht so viele Sorgen machen. Warum neigen sie weniger dazu, sich Sorgen zu machen als wir? Wahrscheinlich liegt das an einem oder mehreren der folgenden drei Hauptgründe:

1. Vererbung

Sie kommen mit einem schläfrigen Wachposten zur Welt und sind daher nicht so leicht in Anspannung zu versetzen.

Hier kann man nichts machen. Obwohl man auch etwas an dem ändern kann, womit man auf die Welt kommt, wollen diese Leute das in der Regel gar nicht.

2. Vertrautheit

Sie haben zwar Wachposten, die leicht wachzurütteln sind, sind einer bestimmten Situation jedoch schon früher einmal begegnet. Daher betrachten Ihre Wachposten sie nicht als etwas Neues, denn sie haben gelernt, was sie davon zu halten haben und lassen sich daher nicht in übertriebene Wachsamkeit versetzen oder große Angst machen.

Sie kennen das – am ersten Tag an Ihrer neuen Arbeitsstelle sind Sie sehr ängstlich – Sie lernen neue Arbeitsgewohnheiten kennen, treffen mit neuen Menschen zusammen und so weiter. Doch im Lauf der Zeit werden Ihnen die Arbeitsgewohnheiten und Gesichter allmählich vertraut, so daß sie Ihren Wachposten nicht länger aus der Ruhe bringen.

Die Zeit galt schon immer als ein großes Heilmittel bei bestimmten Gefühlen, denn mit der Zeit gewöhnt sich ein Mensch an die Veränderung, die in seinem Leben stattgefunden hat. Der Wachposten paßt sich dem an. Ein Trauerfall ist hierfür ein gutes Beispiel.

In unserer Gesellschaft stößt sich im allgemeinen niemand daran, daß eine Person, die in Trauer ist, eine gewisse Zeit braucht, um über den Verlust hinwegzukommen. Ein Mensch, der trauert, zeigt unter Umständen viele der Symptome, die mit einer depressiven Erkrankung einhergehen, doch er muß sich deshalb keiner Behandlung unterziehen, da die Ursache verständlich ist. Nur wenn sich die Depression im Laufe der Zeit nicht bessert, betrachtet man sie als etwas, das behandelt werden muß.

In Untersuchungen über den Trauerprozeß fand man heraus, daß er in sieben verschiedenen Stadien verläuft. Man geht davon aus, daß jedes einzelne Stadium durchlaufen werden muß, damit es zur »Genesung« kommen kann. Verschiedene Menschen brauchen unter Umständen verschieden lange, um die einzelnen Stadien zu durchlaufen, und doch wird jedes Stadium durchlaufen. Wenn eine Person, die trauert, nicht die üblichen Anzeichen zu erkennen gibt, die sich beim Durchlaufen dieses Prozesses einstellen, fragt man sich, warum sie nicht so trauert, wie sie sollte.

Diese sieben Stadien können auch auf andere große Veränderungen im Leben eines Menschen übertragen werden, wie etwa plötzliche Arbeitslosigkeit oder der Verlust einer Gliedmaße. Sie sind letztlich auf jeden Wandel übertragbar, der einen ausschlaggebenden Unterschied in der Art und Weise bewirkt, wie ein Mensch sich selbst wahrnimmt – den Wandel des Selbstbildes. Daher kann dieser Prozeß in gewissem Grade auch auf das Individuum übertragen werden, das seine Lebensgewohnheiten für den Rest seines Lebens ändert.

Aus diesem Grunde werde ich diese Stadien nun kurz schildern und sie zu der Situation in Beziehung setzen, daß ein Mensch aufhört, sich Sorgen zu machen. Denn wie überall sonst kommt auch hier der Fortschritt nicht über Nacht.

Stadium 1: Das Gefühl, völlig überwältigt zu sein. Bei dem Versuch, sich keine Sorgen zu machen, wird sich dieses Stadium vielleicht kaum bemerkbar machen. Andererseits kann Sie schon die bloße Lektüre dieses Buches in einen solchen Zustand versetzen. Sie entschließen sich vielleicht, sich nicht länger zu quälen, da das Ganze Ihnen härter vorkommt, als Sie ursprünglich gedacht hatten.

Stadium 2: Die Person versucht, wieder zurückzugehen und sich einzureden, daß gar nichts geschehen ist. In Wirklichkeit wird aber der Fortschritt lediglich für eine Weile angehalten. Dieses Stadium ist ein Mittel, .Zeit zu schinden, bis der Wachposten mit den neuen Ideen besser zu Rande kommt. Wie ich zu Anfang dieses Kapitels gesagt habe, sollten Sie erst weitermachen, wenn Sie auch dazu bereit sind.

Stadium 3: Depression. Die Person sieht die Situation genau so, wie sie ist, und wird von der ungeheuer großen Aufgabe, die sie zu bewältigen hat, niedergedrückt. Dies ist das Stadium, in dem einige möglicherweise aufgeben, sofern die Beharrlichkeit ihnen nicht zur Seite steht.

Stadium 4: Akzeptieren der Wirklichkeit. Das ist der Punkt, an dem die meisten Menschen steckenbleiben. Ihnen ist klar geworden, was Sie tun müssen, scheinen es jedoch nicht tun zu können. Das ist der Punkt, an dem die Vergangenheit losgelassen wird, an dem die Gegenwart so akzeptiert wird, wie sie ist, und Schritte in Richtung auf eine andere Zukunft unternommen werden.

Viel zu wenige Menschen wissen wirklich, wie sie in der Gegenwart leben und das Ganze in die Praxis umsetzen sollen. Denn das ist eine Fähigkeit, die erst noch entwickelt werden muß. Bei vielen Menschen, die eine Veränderung anstreben, ist dieses Stadium zäh und mühevoll, da sie nicht über diese Fähigkeit verfügen. Sie neigen dazu, sich zurückzulehnen und abzuwarten, während ihre Wachposten sich ganz allmählich an die Veränderungen anpassen, anstatt Schritte zu unternehmen, um diesen Prozeß voranzutreiben. Doch ab diesen Punkt gehen die Dinge dann etwas leichter.

Stadium 5: Ausprobieren neuer Verhaltensweisen, eines neuen Lebensstils oder neuer Denkgewohnheiten. Die neuen Techniken werden tatsächlich in die Praxis umgesetzt.

Stadium 6: Nachdenken über die Ergebnisse, die in Stadium 5 erzielt wurden. Sie entscheiden darüber, was das Beste für Sie ist. Jeder muß für sich selbst entdecken, wie er am besten Fortschritte machen kann.

Stadium 7: Der neue Lebensstil ist zur Selbstverständlichkeit geworden und ist nun Teil Ihrer Persönlichkeit. Das heißt, ein Grübler würde

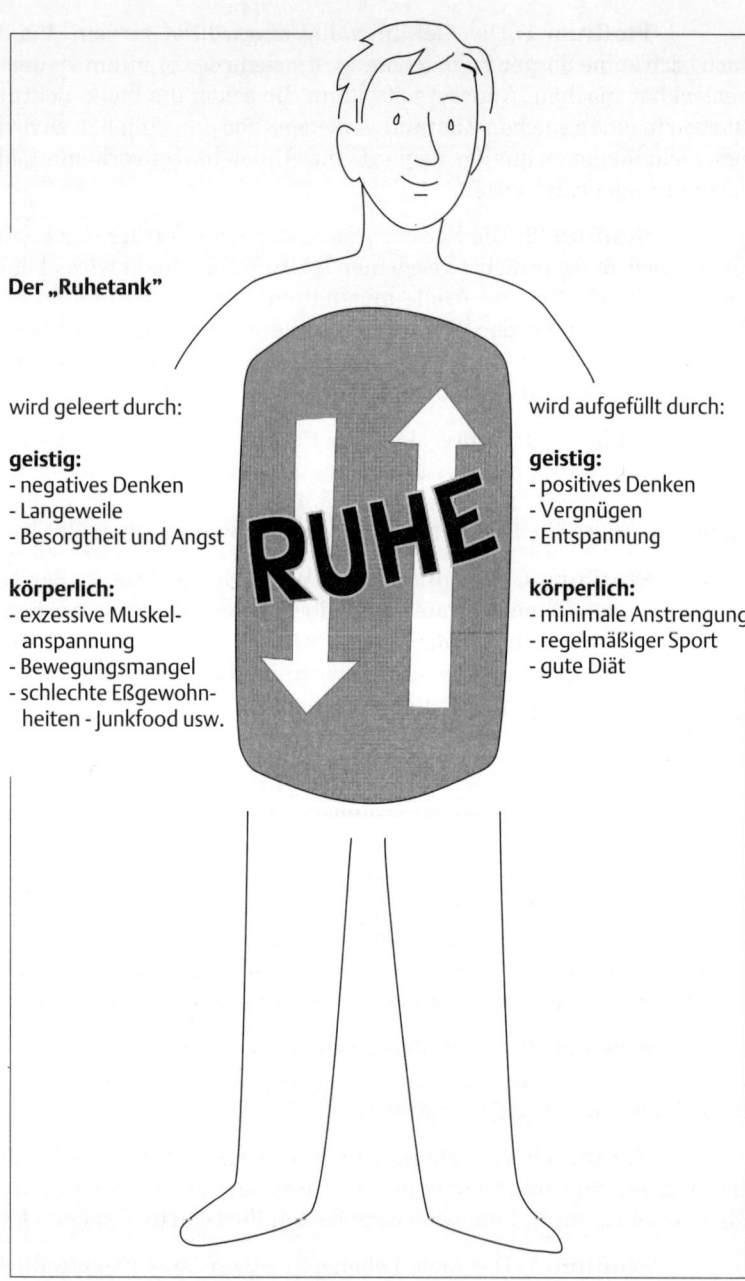

Der „Ruhetank"

wird geleert durch:

geistig:
- negatives Denken
- Langeweile
- Besorgtheit und Angst

körperlich:
- exzessive Muskel-
  anspannung
- Bewegungsmangel
- schlechte Eßgewohn-
  heiten - Junkfood usw.

wird aufgefüllt durch:

geistig:
- positives Denken
- Vergnügen
- Entspannung

körperlich:
- minimale Anstrengung
- regelmäßiger Sport
- gute Diät

Abb. 6   Kontrollieren Sie Ihren Ruhetank!

sich in diesem Stadium nicht länger als einen »Grübler« betrachten, sondern als jemand, der fähig ist, die Dinge zu bewältigen.

Jetzt brauchen wir uns nur noch den dritten Grund anzuschauen, warum einige Menschen sich nicht so viele Sorgen machen.

3. Der Ruhetank

Dies ist der dritte Grund, warum manche Menschen in der Lage sind, ihr Maß an Angst gering zu halten. Der Ruhetank ist am einfachsten zu kontrollieren und außerdem steht jedem die Entscheidung frei, ob er genutzt wird oder nicht.

Stellen Sie sich vor, jeder hätte im Innern eine Art Tank. In diesem Tank befindet sich die Ruhe. Je mehr Ruhe sich in dem Tank befindet, desto eher kann diese Person jedweder Form von Angst widerstehen. Andererseits heißt das: Je weniger Ruhe in dem Tank ist, desto anfälliger ist die Person für Streß, Besorgtheit, Angst. Das Maß an Ruhe in dem Tank kann sich ständig verändern. Jede Art von Spannung braucht einen Teil seiner Ressourcen auf. In extremen Fällen, wenn zum Beispiel eine Person sehr viele unangenehme Gefühle durchleidet und keine Gelegenheit hat, den Tank wieder aufzufüllen, läuft er leer und die Folge ist eine streßbedingte Erkrankung (siehe Abb. 6).

Darüber sollten wir jedoch nicht in Panik geraten. Der Tank läuft nicht so schnell leer, und bevor die Dinge an einen solchen Punkt gelangen, gibt es zahlreiche Warnsignale. Leider werden sie nur allzu oft ignoriert.

Wie sieht nun die Spannung aus, die den Ruhepegel im Tank sinken läßt? Um es mit ganz einfachen Worten zu sagen: Spannung wird von jedem Gefühl oder jeder Situation hervorgerufen, welche die Person nicht mag oder negative Gefühle in ihr weckt. Das kann von einer leichten Frustration oder Ungeduld bis hin zu panischer Angst reichen.

Anstatt sich einfach nur auf das zu konzentrieren, was den Ruhepegel im Tank sinken läßt, und dieses dann zu vermeiden, ist es weitaus besser, sich einen Lebensstil zum Ziel zu setzen, der die Menge an Ruhe, die sich im Tank befindet, immer wieder auffüllt.

Gewohnheitsmäßige Angst

Bevor wir weitergehen, müssen wir noch einen weiteren Grund zur Sorge zur Sprache bringen. Bei vielen von uns wird die von Natur aus hohe Neigung, ängstlich zu werden, von der Umwelt noch verstärkt. Solange wir uns nicht dessen bewußt werden, auf welche Weise sich dieser Einfluß auf uns auswirkt, können wir keine Schritte dagegen unternehmen.

Die allererste Umgebung, in der wir dazu ermuntert werden, uns Sorgen zu machen, ist unser Elternhaus. Viele der Menschen, die schnell ängstlich werden und sich über alles und jedes Sorgen machen, haben nahe Verwandte, die sich genauso verhalten.

Bei vielen Gattungen ist es für das Jungtier ganz natürlich, das Verhalten seiner Eltern oder Erzieher zu kopieren. Auf diese Weise lernt es zu überleben, nur die Dinge zu essen, die es essen sollte, Raubtieren aus dem Wege zu gehen und so weiter.

Doch wie wir bereits gesehen haben, ist ein Großteil des Instinktverhaltens des Menschen durch die moderne Lebensweise verzerrt worden. Und zwar in solchem Ausmaß, daß das Verhalten, dem unsere Kinder nacheifern, nicht notwendigerweise gut für sie ist. Gewohnheitsmäßige Besorgtheit ist ein Beispiel dafür. Ich habe schon oft Menschen mit Angststörungen behandelt, die mir erzählten, sie wollten sich so schnell wie möglich ändern, weil ihnen aufgefallen war, daß ihre Kinder anfingen, dieselben Verhaltensweisen an den Tag zu legen.

Das soll Ihnen nun nicht als Entschuldigung dienen, zu sagen: »Oh, dann ist es ja die Schuld meiner Mutter/meines Vaters. Ich kann nichts dagegen tun.« Es ist nicht so wichtig, wo oder wie Sie Ihre Gewohnheiten entwickelt haben, und ganz gleich, von wem Sie sie gelernt haben, sie wurden Ihnen nicht mit Absicht aufgezwungen. Worauf es vor allem ankommt, ist, daß Sie sie jetzt nicht wiederum versehentlich an die jüngeren Mitglieder Ihrer Familie weitergeben. Und dagegen *können* Sie etwas tun.

Nicht allein, daß viele von uns die Gewohnheit, sich ständig Sorgen zu machen, von den Eltern übernehmen, sie wird zudem von der Gesellschaft, in der wir leben, gefördert.

Denken Sie nur an die Geschichte von Mary, die ich Ihnen am Anfang erzählt habe. Als Antwort auf meine Frage: »Warum machen Sie sich Sorgen?« sagte Mary: »Ich muß mir Sorgen machen, um zu zeigen, daß ich mich kümmere!«

Ich habe dieses Dilemma verschiedenen Gruppen ausgebildeter Krankenschwestern dargelegt, die an einem Seminar zum Thema Streßmanagement teilnahmen. Wenn wir an dem Punkt angelangt waren, daß sie mir zustimmten, es sei nutzlos, sich Sorgen zu machen, stellte ich ihnen die Frage, was sie denken würden, wenn ein Verwandter eines schwerkranken Patienten, den sie zu betreuen hatten, sich bei seinen Besuchen nicht besorgt zeigen würde. Fast ausnahmslos lautete die einstimmige Antwort: »Ich würde denken, sie würden sich nicht kümmern, sie wären gefühllos« usw. Aber warum? Warum beharrt unsere Gesellschaft darauf, daß wir unsere Besorgtheit als Beweis unserer inneren Anteilnahme nach außen tragen? Die Antwort lautet ganz einfach: Das ist so, weil wir das mittlerweile erwarten. Diese Erwartung wird dadurch am Leben erhalten, daß wir sie alle mit uns herumtragen.

Diese »Gehirnwäsche« geht auf sehr subtile Weise vonstatten.

Erst kürzlich kam im Fernsehen eine Zahnpastawerbung, bei der man sah, wie eine Mutter im Wartezimmer des Zahnarztes saß und sich Sorgen machte, ihr Kind müsse vielleicht eine Zahnfüllung bekommen. Die hinter den Worten versteckte Botschaft lautete: »Wenn Ihnen die Zähne Ihres Kindes am Herzen liegen, sollten Sie in der Zahnarztpraxis besorgt sein.«

Wir alle folgen blind solchen Botschaften und bestätigen damit das ungeschriebene Gesetz, daß wir uns Sorgen machen müssen, um zu zeigen, daß wir uns kümmern, oder um zu zeigen, daß wir uns dessen bewußt sind, daß eine bestimmte Situation ernst genommen werden sollte.

Früher hielt ich eine Zeitlang Vorlesungen, und wenn die Prüfungen näher rückten, ergriff ich die Gelegenheit, den Studenten ein paar gute und hilfreiche Techniken beizubringen. Eine dieser Techniken bestand darin, daß man, anstatt schon im voraus zitternd vor Angst vor dem Prüfungszimmer zu stehen, versuchen sollte, sich selbst zu sagen, wieviel Spaß die Prüfung machen wird, und sich darauf zu freuen. Ich amüsierte mich immer königlich über die entsetzten und ungläubigen Blicke, mit denen dieser Vorschlag aufgenommen wurde. Man hätte meinen können, ich hätte ihnen geraten, einen Mord zu begehen!

In Wahrheit hatte ich ihnen bloß vorgeschlagen, sie sollten es einmal wagen, sich mit dem Gedanken anzufreunden, daß eine Prüfung auch Spaß machen kann. Denn letztlich ist es, wenn Sie vor der Zimmertür stehen und darauf warten hineinzugehen und Ihre Prüfung abzulegen, schon längst zu spät, sich darüber Sorgen zu machen, ob Sie auch alles gelernt haben oder nicht. In Wirklichkeit ist es so: Je ängstlicher Sie in diesem Stadium werden, desto größer ist die Chance, daß Sie nicht fähig sein werden, sich an das zu erinnern, was Sie wissen. Nichtsdestotrotz existiert unter Studenten der Aberglaube, an einer Prüfung Spaß zu haben bedeute soviel wie das Schicksal herauszufordern!

Wie wir gesehen haben, speichert der Wachposten jene Augenblicke, in denen Sie ein *unangenehm* starkes Gefühl der Anspannung erlebt haben. Wenn Sie sich das nächste Mal in einer ähnlichen Situation befinden, wird dieses Angstgefühl reproduziert. Wenn Sie die Anspannung aber als angenehm einstufen, indem Sie sich sagen, daß das was Sie fühlen, Aufregung und nicht Angst ist, wird der Wachposten es nicht speichern und die Gefühle bei der nächsten Gelegenheit nicht als Warnung reproduzieren.

Aus diesem Grunde ist es, je öfter Sie ängstlich vor einem Prüfungszimmer warten, um so wahrscheinlicher, daß Sie sich beim nächsten und übernächsten Mal genauso fühlen werden ... Andererseits, je positiver Sie damit umgehen, desto größer ist die Chance, daß Sie im Zusammenhang mit Prüfungen ein positives Erinnerungsfenster entwickeln, und desto wahrscheinlicher ist es, daß Sie sie tatsächlich mögen – und sich sogar auf sie freuen werden.

Wir sprechen davon, daß wir »das Schicksal herausfordern«, wenn wir uns selbst gestatten, allzu optimistisch zu sein. Wenn Sie denken, Sie würden »das Schicksal herausfordern«, wenn Sie Spaß an etwas haben, von dem Sie mittlerweile glauben, daß Sie das nicht sollten, machen Sie sich lediglich das Leben schwer. Es gibt keinen Grund, warum Sie nicht an allem möglichen Spaß haben sollten. Nur wenn Sie merken, daß Sie an etwas Spaß haben, das Sie für anstößig oder moralisch falsch halten, sollten Sie darüber nachdenken, ob Sie es trotzdem tun wollen!

Diese Gewohnheit, allein aus Gewohnheit an bestimmten Situationen keinen Spaß zu haben, findet man sogar bei Kindern, wie ich bei der folgenden Begebenheit an meiner eigenen Tochter sehen konnte, die damals neun Jahre alt war.

Ihr mußten ein paar Zähne gezogen werden, damit die anderen richtig wachsen konnten. Das Ganze erstreckte sich auf drei Zahnarztbesuche. Nach dem Aufzug, den sie beim ersten Besuch veranstaltete, wo sie schrie und weinte, arbeitete ich hart mit ihr, damit sie bei den folgenden Besuchen weniger Angst haben würde. Die Behandlung schlug gut an. Und zwar so gut, daß sie beim drittenmal, als wir im Wartezimmer saßen, zu mir sagte:

»Mama, ich mache mir Sorgen.«

»Warum?« fragte ich. »Du weißt doch, was du tun mußt. Du weißt, daß es nicht weh tun wird ...«

»Das ist es nicht«, erwiderte sie. »Ich mache mir Sorgen, weil ich mir keine Sorgen mache, und das sollte ich doch!«

Um auf das Problem von Mary aus dem ersten Kapitel zurückzukommen: Weil sie ihr Leben lang darauf bestand, sie müsse sich über alles Sorgen machen, hatte sie nicht nur ihre Gesundheit in Gefahr gebracht, sondern auch sich selbst die Möglichkeit genommen, für jene Menschen, über die sie sich die meisten Sorgen machte – nämlich ihre Familie – in irgendeiner Form wirklich von Nutzen zu sein. Der Hausarzt riet der Familie, Mary nichts von ihren Problemen zu erzählen, damit sie sich keine Sorgen machen und ihr Blutdruck nicht steigen würde. Mary hatte aber ein gutes Gespür dafür, wenn irgendetwas nicht stimmte, und machte sich trotzdem Sorgen.

Nachdem man ihr klarmachen konnte, daß ihre Besorgtheit nur eine schlechte und unproduktive Gewohnheit war, machte sie gute Fortschritte. Die Ruhe im Tank wird auch durch Sorgen aufgebraucht. Ein gewohnheitsmäßiger Grübler kann den Pegel täglich sinken lassen, indem er die Ruhe allmählich herauströpfeln läßt. Wenn dann eines Tages eine wirkliche Krise eintritt und die Reserven gebraucht werden, ist nicht mehr genug Vorrat vorhanden.

Sich Sorgen zu machen ist eine nutzlose Beschäftigung. Wenn Sie von etwas gequält werden, besteht der erste Schritt darin, herauszufinden, um was genau es sich handelt. Der zweite Schritt besteht darin, daß Sie sich fragen, ob Sie irgend etwas zur Verbesserung der Situation tun können. Falls es so etwas gibt, dann tun Sie es. Falls nicht, finden Sie sich damit ab.

Dies ist, in wenigen Worten, der Weg, wie Sie sich keine Sorgen mehr machen. In den folgenden Kapiteln werden Sie genauer erfahren, wie Sie dabei vorgehen müssen.

Bevor Sie sich selbst dazu bringen können, sich keine Sorgen mehr zu machen, müssen Sie sich erst bewußt werden, wann Sie das tun. Bei vielen von uns sitzt diese Gewohnheit so tief, daß wir schon gar nicht mehr richtig merken, daß wir uns überhaupt Sorgen machen.

Hier kommen Geduld und Beharrlichkeit ins Spiel. Die Beharrlichkeit sorgt dafür, daß Sie in Ihren Bemühungen nicht nachlassen und ständig darauf achten, wann Sie in Ihre alte Gewohnheit zurückfallen. Die Geduld wird Ihnen dabei helfen, ruhig zu bleiben, nicht verärgert oder wütend zu werden, falls Sie nur langsam vorankommen. Wenn Ihnen das gelingt, dann *werden* Sie sich ändern.

Vor etlichen Jahrhunderten sprach der Hl. Augustinus über das Paradox des Glaubens. Er wies darauf hin, daß Menschen, die *erst* an Gott glauben wollten, *wenn* sie einen Beweis für seine Existenz hätten, die Dinge falsch angingen. Glauben heißt, daß man etwas im guten Glauben für gegeben ansieht, ohne Beweis. Der Hl. Augustinus war der festen Überzeugung, wer so handelte, würde dadurch belohnt werden, daß er den gesuchten Beweis erhielte.

Wenn ich überängstliche Menschen behandle, stelle ich oft fest, daß ich dieselben Gedanken wiedergebe. Die Patienten suchen nur allzu oft nach einer Gewähr dafür, daß es funktionieren wird und ihre Probleme gelöst werden, wenn sie tun, was ich ihnen sage. Manchmal unternehmen sie halbherzige Versuche, meine Ratschläge zu befolgen und geben dann auf, weil sie sich nicht auf der Stelle wie durch ein Wunder geändert haben.

Auf diesem Wege kann man der Angst nicht beikommen. Zunächst müssen Sie darauf vertrauen, daß es funktionieren wird, und Ihre Angst loslassen, *dann erst* werden Sie anfangen, sich besser zu fühlen. Jeder kann das – auch Sie, wenn Sie nur die Geduld und die Beharrlichkeit mit auf Ihren Weg nehmen.

 ## Erste Übung in positivem Leben

Wie Sie in Abbildung 6, S. 78, sehen können, gibt es ganz einfache Mittel, Ihre Denkgewohnheiten zu ändern, um dafür zu sorgen, daß Ihr Ruhetank immer gefüllt bleibt. Schauen Sie sich die Spalte »geistig« noch einmal an. Mit den »körperlichen« Methoden werden wir uns ab Seite 89 beschäftigen.

☰ Körperliche Ruhe

Es versetzt mich immer wieder in Erstaunen, wie wenige Menschen sich darüber im klaren sind, daß Körper und Geist miteinander in Verbindung stehen. Sie tun so, als hätten die beiden nichts miteinander zu tun. Die Menschen sehen den Verstand in der Regel als einen Computer an, der den Körper kontrolliert – und bis zu einem gewissen Grad ist das auch der Fall. Aber das ist noch nicht die ganze Geschichte.

Der Körper wirkt sich auch auf den Geist aus. Bei einer computergesteuerten Maschinerie ist das nicht der Fall. Fällt dort der Computer aus, bleibt die Maschinerie einfach stehen. Wenn die Maschinerie einen Knacks bekommt, läuft der Computer weiter, vorausgesetzt, bei dem Vorfall wurde keine wichtige elektrische Leitung beschädigt. Wenn hingegen der Körper Schaden nimmt, wirkt sich das auch auf den Geist aus.

Wir wissen noch nicht genau darüber Bescheid, wie die beiden interagieren. Die meisten von uns sehen ein, daß unser Geist nicht mehr so schwungvoll arbeiten kann wie sonst, wenn wir unserem Körper schaden. Andererseits machen wir uns nicht klar, daß mangelnde Geisteskraft nicht nur unsere körperliche Leistungsfähigkeit beeinträchtigen kann, sondern daß diese Kraft auch dabei helfen kann, den Körper wieder zu reparieren, wenn er beschädigt wurde.

Ein Körper, der fit ist, trägt in großem Maße zum geistigen Wohlbefinden bei. Wenn Sie mit einem Körper leben, dessen Muskeln vergessen haben, wozu sie da sind, dessen Herz und dessen Lunge kaum trainiert oder mit Zigarettenrauch gefüllt werden, dessen Skelett ständig ein weitaus größeres Gewicht mit sich herumschleppen muß, als es vertragen kann, mit einem Körper, der ständig mit wertlosen oder gar giftigen Substanzen gefüllt wird – nimmt es dann Wunder, daß der Pegel in Ihrem Ruhetank niedrig ist? Die Tankreserven werden ständig aufgebraucht, um gegen die krankmachen Auswirkungen des soeben Angeführten anzugehen, so daß nur wenig übrig bleibt, um Streß und Angst entgegenzuwirken.

Falls das für Sie eine ganz neue Erkenntnis sein sollte, geraten Sie bitte nicht in Panik. Versuchen Sie jetzt nicht auf der Stelle, Ihren Lebensstil über Nacht zu ändern – das ist nicht gut für Sie. Sie müssen sich allmählich ändern. Falls Sie körperlich nicht fit sind, sollten Sie zunächst einen Arzt aufsuchen, bevor Sie irgend etwas unternehmen.

Bevor Sie die nächsten Schritte in Angriff nehmen, möchte ich Ihnen eine der vielen Techniken beschreiben, mit deren Hilfe Sie sich ändern können. Das Ziel all dieser Techniken ist, daß Sie sich eine Lebensweise angewöhnen, bei der die Ruhe in Ihrem Tank zunimmt und weniger nutzlos vergeudet wird.

Daher sollten Sie sich nicht gleich in Aktion stürzen. Schauen Sie sich Ihren gegenwärtigen Lebensstil genau an, nehmen Sie Papier und Bleistift und schreiben Sie alles auf, was verbessert werden könnte. Wenn Sie die folgenden Seiten gelesen haben, werden Sie eine bessere Vorstellung davon haben, was Sie alles ändern könnten.

Ich habe die verschiedenen Mittel, wie man das Maß an Ruhe im Tank erhöhen kann, in zwei Gruppen aufgeteilt. Die erste Gruppe wird in diesem Kapitel behandelt. Sie umfaßt all jene Methoden zur Auffüllung des Ruhetanks, die man als körperlich bezeichnen kann – das heißt alles, was Sie mit Ihrem Körper tun können. Die zweite Gruppe umfaßt Methoden, mit denen Sie Ihren Geist, Ihre Denkweise ändern können. Diese Gruppe wird auf den Seiten 100 bis 127 beschrieben.

Falls es Ihnen gelingt, viele dieser Methoden in Ihr alltägliches Leben zu integrieren, werden Sie damit ihren Ruhepegel hoch halten und für Streß und Sorgen weniger anfällig sein als sonst.

Bevor wir uns einige spezifische Auffüllmethoden genauer ansehen, sollten noch drei Umstellungen Ihres täglichen Lebensstils erwähnt werden, mit denen Sie das Maß an Ruhe steigern können. Und zwar handelt es sich um Sport, Diät und Entspannung.

Ich kann fast schon hören, wie Sie innerlich murren bei dem Gedanken an frühere Versuche, sich schlechte Ernährungsgewohnheiten abzugewöhnen oder regelmäßig Sport zu treiben. Davon rede ich aber gar nicht. Ich will Ihnen nur zu Veränderungen raten, die auch Spaß machen, sonst funktioniert es nicht.

Sport

Wie Sie sich sicher erinnern werden, hatten wir im ersten Kapitel im Zusammenhang mit Trog und dem Mammut davon gesprochen, daß eine bestimmte Art körperlicher Aktivität ein natürliches Gegenmittel gegen wachsende Furcht und Angst darstellen. Durch körperliche Aktivität werden all die Chemikalien, die sich durch die Angst im Körper gebildet haben, verbraucht. Daher ist jede Art von regelmäßiger körperlicher Betätigung besser als gar keine.

In vergangenen Zeiten, als es noch keine motorisierten Transportmittel, Staubsauger, Waschmaschinen und so weiter gab, mußten viele Menschen, sofern sie nicht wohlhabend waren und Bedienstete hatten, sich im normalen Leben körperlich viel mehr anstrengen, als wir das heute tun. Heutzutage sind viele von uns ernsthaft in Gefahr, die großen Muskelgruppen in unsere Körper nicht ausreichend zu beanspruchen – wir werden vergessen, wie wir unsere Beine zu bewegen haben, um eine beliebige Wegstrecke zurückzulegen, wie wir unsere Arme schwingen lassen müssen usw.

Um diesen Aspekt Ihres Leben zu verbessern, müssen Sie sich lediglich mehr bewegen. Sie müssen nicht gleich mit dem Squashspielen anfangen, einen Gymnastikkurs belegen und anstrengende Trainingsübungen machen – obwohl das alles sehr viel Spaß machen und für alle, die das *wollen*, sehr nützlich sein kann. Es genügt schon, wenn Sie die Treppen statt den Aufzug nehmen, sich beim Saubermachen mehr bewegen, bis zur nächsten Haltestelle laufen statt den Bus zu nehmen usw.

Wichtig ist vor allem, daß es Ihnen Spaß macht. Falls nicht aus irgendeinem Grund eine körperliche Beeinträchtigung vorliegt, sollte jeder versuchen, sein Gehpensum von Monat zu Monat ein bißchen zu steigern. Spüren Sie den Boden unter Ihren Füßen, achten Sie darauf, wie es sich anfühlt, ein paar Schritte lang richtig auszuschreiten (siehe »Tigergang« auf Seite 91).

Falls Sie etwas ehrgeiziger sind, können Sie jetzt natürlich schwimmen, radfahren, reiten oder irgendeiner anderen Aktivität nachgehen, die Ihnen zusagt. Das Geheimnis besteht darin, sich in Ihrem normalen Zeitplan zehn Minuten oder mehr freizuhalten, in denen Sie regelmäßig einer solchen Aktivität nachgehen.

Ich hatte mir angewöhnt, dreimal die Woche morgens um acht Uhr zehn Minuten schwimmen zu gehen. Ich schwamm meine sechzehn Bahnen, zog mich dann wieder an, ging nach Hause und machte die Kinder für die Schule fertig. Ich fühlte mich danach immer sehr viel wohler. Ich wurde ruhig, wenn ich ganz entspannt ein wenig schwamm und fühlte mich dann positiver, glücklicher und lebendiger.

Denken Sie einfach über Ihren Lebensstil nach und finden Sie heraus, wann Sie sich etwa dreimal die Woche zehn Minuten freihalten können, um irgendeiner körperlichen Aktivität nachzugehen. Seien Sie nicht zu ehrgeizig. Wenn Sie sich kleine Ziele setzen, können Sie sie auch einhalten. Wenn Sie sich zu große Ziele setzen, wird es Ihnen schon bald eher eine Last als ein Vergnügen sein.

Diät

Der zweite allgemeine Bereich, in dem Sie etwas verbessern können, sind Ihre Ernährungsgewohnheiten. Auch hier meine ich nicht, daß Sie sofort damit aufhören sollen, zu rauchen, zu trinken oder Dickmacher zu essen. Das Geheimnis liegt darin, daß Sie daran arbeiten, zunächst einmal einen kleinen Aspekt ihrer Eßgewohnheiten zu verbessern. Sie könnten zum Beispiel Ihren täglichen Alkoholgenuß um ein Glas einschränken, bei einer Mahlzeit Weißbrot durch Vollkornbrot ersetzen, weniger oft Schokolade essen usw. Allgemeines Ziel ist es, mehr natürliche Lebensmittel zu sich zu nehmen und weniger Junkfood und Alkohol zu konsumieren. Es ist nicht das Ziel, überhaupt kein Junkfood mehr zu essen, *falls* Sie das immer noch möchten.

Wenn man zuviel zuckerhaltige Nahrung wie Kuchen und Schokolade zu sich nimmt oder Alkohol trinkt, steigert das in der Regel die Angst. Leider sind das oft genau die Dinge, nach denen es uns gelüstet, wenn wir uns Sorgen machen – die Tröster.

Obwohl Alkohol die Emotionen zunächst einmal dämpft, sind Sie angstanfälliger und nervöser als vorher, sobald die anfängliche Wirkung nachläßt. Leider haben viele herausgefunden, daß das schnellste Heilmittel für diese Folgesymptome noch mehr Alkohol ist, nach dem Motto: Einen Kater kuriert man am besten, wenn man mit dem anfängt, womit man aufgehört hat. Solche Lösungen führen häufig zur Alkoholabhängigkeit.

Zu viele zuckerhaltige Lebensmittel haben dieselbe Wirkung. Zunächst hebt es Ihre Stimmung, das kann jedoch dazu führen, daß es Sie nach immer mehr desselben verlangt und Sie am Ende Nahrung zu sich nehmen, die Ihr Körper gar nicht braucht.

Daher können Sie durch die allmähliche Entwicklung von guten Ernährungsgewohnheiten dafür sorgen, daß Ihr Tank gefüllt bleibt.

Entspannung

Drittens können Sie Entspannungs- oder Meditationsübungen machen. Sie sind vor allem bei den Menschen hilfreich, die sich aus dem einen oder anderen Grund nicht körperlich betätigen können. Es werden viele Cassetten angeboten, mit denen man Entspannungstechniken lernen kann. Sie können sich aber auch einfach dadurch entspannen, daß Sie sich Ihre Lieblingsmusik anhören.

Ganz gleich wofür Sie sich entscheiden, versuchen Sie, sich täglich etwa zehn Minuten freizuhalten, in denen Sie loslassen und sich entspannen können, ohne daß Sie von irgend jemand oder irgend etwas gestört werden. Es ist sinnlos, zu versuchen, sich völlig zu entspannen, wenn Sie auf einen Telefonanruf warten oder mit einer Störung rechnen. Achten Sie bei dieser Entspannungsübung darauf, daß alle Ihre Muskeln so locker und schwer wie möglich werden. Häufig geht das am besten, wenn man zuvor eine gezielte Muskelentspannungsübung macht, wie etwa das »Matratzendrücken« (siehe Seite 94).

Techniken zum Auffüllen des Tanks

Die spezifischen Körpermethoden können in drei Gruppen aufgeteilt werden. Ich habe diese Gruppen folgendermaßen benannt: »Jederzeit«, »Bei Gelegenheit«, und »Notfall«. Wir werden uns die Gruppen einzeln anschauen.

1. Jederzeit

In dieser Gruppe gibt es eigentlich nur eine einzige Technik – und zwar eine, die in Ihrem täglichen Leben eine solche Stellung einnehmen sollte, daß sie für Sie so automatisch wird wie das Atmen. Ich habe diese Technik »MA« genannt. Die Buchstaben stehen für »Minimale Anstrengung«.

Denken Sie einen Augenblick daran, was mit Ihrem Körper passiert, wenn Sie ängstlich oder besorgt werden . . . Ihre Muskeln spannen sich an, nicht wahr?... Achten Sie, während Sie das jetzt lesen, auf ihre Kiefer- und Stirnmuskeln – sie sind angespannt, nicht wahr? Ich wette, daß Sie, wenn Sie sich jetzt bewußt bemühen, sie zu lockern und loszulassen, einen Unterschied merken werden . . . Haben Sie ihn bemerkt?

Wir spannen in fast allen Teilen unseres Körpers die meiste Zeit die Muskeln an – und das ist gar nicht notwendig. Wenn wir ganz besonders angespannt sind, entspannen wir unsere Muskeln nicht einmal im Tiefschlaf. Das führt dann dazu, daß die Leute über schlechten Schlaf oder Schlaflosigkeit klagen.

Der Schlaf verläuft nach einem bestimmten Muster, das verschiedene Stadien umfaßt. Im ersten Stadium entspannen sich die Muskeln. Falls jemand so angespannt ist, daß seine Muskeln ihrer natürlichen Neigung, sich zu entspannen, Widerstand leisten, ist meistens Schlaflosigkeit die Folge. Wenn Menschen gelernt haben, sich besser zu entspannen, können sie schneller in die Tiefschlafphasen gelangen. Sie brauchen oft weniger Schlaf und fühlen sich danach erfrischter.

Was geschieht mit Ihren Beinmuskeln, wenn Sie schneller laufen müssen, weil Sie zu spät dran sind? Falls Sie es nicht genau wissen, sollten Sie das nächste Mal darauf achten. Ich wette, sie werden fest und angespannt. Sobald wir mit irgend etwas unter Druck geraten, spannen wir uns an.

Doch das sollten wir nicht. Wenn wir uns zu sehr anspannen, beeinträchtigt das unsere Leistung, anstatt sie zu verbessern. In diesem Punkt können wir viel von Kleinkindern lernen. Schauen Sie einem kleinen Kind zu, das gerade laufen lernt. Auch wenn es immer wieder hinfällt, tut es sich nicht weh, solange es sich nicht an irgend etwas stößt, weil es sich beim Fallen nicht anspannt. Trainierte Sportler haben gelernt, für ihre Zwecke genau das richtige Maß an Muskelkraft aufzubringen. Wenn sie sich zu sehr anspannen, läßt ihre Leistungskraft nach.

Jedesmal, wenn Sie mehr Druck als nötig ausüben, wenn Sie einen Muskel stärker als nötig anspannen, wird etwas von der Ruhe im Tank verbraucht. Daraus folgt, daß Sie, wenn Sie immer nur das notwendige Maß an Kraft aufwenden und nichts darüber hinaus, sparsamer mit Ihren kostbaren Ruhereserven umgehen.

Sie können das trainieren, indem Sie jeden Tag bewußter darauf achten, wann Sie sich zu sehr anstrengen. Fangen Sie zunächst nur mit einer einzigen, einfachen Aufgabe an. Die besten Übungen für Anfänger sind meiner Meinung nach die folgenden:

Zähneputzen: Wenn Sie sich die Zähne putzen, achten Sie darauf, wie fest Sie den Stiel der Zahnbürste in der Hand halten. Machen Sie dann einen bewußten Versuch, Ihren Griff zu lockern, bis Sie an den Punkt gelangen, an dem Sie die Zahnbürste gerade richtig führen können. Das ist der für diese Aufgabe angemessene Kraftaufwand. Jeder, den ich beobachtet habe, neigt dazu, die Zahnbürste viel zu fest zu halten, und dann spannen sich auch die ganzen Oberarmmuskeln an, ganz zu schweigen von der Stirn!

Essen: Beobachten Sie, wie fest Sie beim Essen Messer und Gabel halten. Wie bei der Zahnbürste können Sie auch hier vieles verbessern. Sie müssen das Messer ab und zu fester halten, wenn Sie Fleisch schneiden wollen, aber danach sollten Sie Ihren Griff wieder lockern.

Autofahren: Autofahren ist eine wahre Fundgrube für übermäßige Anspannung. Vor ein paar Jahren behandelte ich einen Geschäftsmann, der an allgemeinen Angstzuständen litt. Ein Teil seiner Behandlung bestand darin, täglich beim Kassettenhören allgemeine Entspannungsübungen zu machen.

Ein paar Wochen nachdem er mit den Übungen begonnen hatte, kam er zu mir und war ganz überrascht. Was war der Grund? Ihm war lediglich aufgefallen, daß er beim Autofahren das Steuer immer so hielt, daß sich die Fingerkuppen in die Handballen gruben. Das bedeutete, daß er in all den Jahren, in denen er sich allgemein ängstlich gefühlt hatte, die Angewohnheit entwickelt hatte, sämtliche Muskeln viel zu stark anzuspannen. Er hatte sich angewöhnt, das Steuer mit den Händen fest zu umklammern. Durch den Druck war das Gefühl in den empfindlichen Fingerkuppen betäubt worden. Nachdem er aber gelernt hatte, weniger Druck auszuüben, wurden seine Fingerkuppen plötzlich wieder ganz erstaunlich empfindsam.

Es gibt im Leben viele solcher kleinen Freuden, denen Menschen, die übermäßig angespannt sind, entsagen müssen. Beobachten Sie sich. Fassen Sie das Steuer zu fest an? Spannen Sie Ihre Arm- und Schultermuskeln unnötig an? Denken Sie an MA – Minimale Anstrengung –, und lassen Sie locker.

»**Tigergang**«: Beobachten Sie sich, während Sie durch die Geschäfte hetzen oder Erledigungen machen. Spannen Sie Ihre Beinmuskeln zu stark an? Üben Sie ein wenig loszulassen und Sie werden den Unterschied merken. Ich nenne das den »Tigergang« – nach dem herrlichen Tier aus der Benzinwerbung. Haben Sie schon einmal darauf geachtet, wie seine Muskeln wogen, während er durch den Schnee läuft? Seine Bewegungen sind schnell, dabei geschmeidig und fließend und wundervoll entspannt. So stelle ich mir meine Beine vor, wenn ich durch die Geschäfte gehe – wie die des Tigers, locker und entspannt, mit einem mühelosen Schwung aus den Hüften.

Diese Körpertechnik zur Auffüllung Ihres Ruhetanks sollten Sie ständig anwenden. Machen Sie keine große Sache daraus. Ärgern Sie sich nicht über sich selbst, wenn Sie feststellen, daß Sie viel zu angespannt sind. Lassen Sie statt dessen einfach ein wenig locker, sobald Sie merken, daß Sie Muskelkraft vergeuden.

Hier werden Geduld und Beharrlichkeit sehr hilfreich sein. Auch wenn Sie sich alle Mühe geben, die Spannung in einer bestimmten Muskelpartie zu lockern, werden Sie unter Umständen feststellen, daß Sie schon bald wieder verspannt sind. Das macht nichts. Was erwarten Sie denn, schließlich haben Sie sich jahrelang darin geübt, übertrieben zu reagieren! Versuchen sie es einfach in aller Ruhe noch einmal . . . und noch einmal . . . und noch einmal . . . Über Monate und Jahre hinweg, wird es Ihnen allmählich immer leichter fallen. Bei einigen der in den folgenden beiden Abschnitten beschriebenen Techniken werden Sie lernen, wie Sie zunächst bestimmte Muskelpartien einfach und mühelos entspannen können.

2. Bei Gelegenheit

Die folgenden Techniken helfen Ihnen, sich darin zu üben, bestimmte Muskelgruppen leicht und mühelos zu entspannen. Sie sollten lernen, sie korrekt anzuwenden und bei jeder passenden Gelegenheit auszuführen oder wenn Sie allein sind, zum Beispiel wenn Sie im Büro sitzen und auf einen Telefonanruf warten, während Sie fernsehen, zwischen den einzelnen Gängen im Restaurant usw. Sie können auch andere günstige Augenblicke finden, in denen Sie diese Techniken anwenden können – Augenblicke, die Sie sonst vergeudet hätten.

Entspannungsübung des Einkäufers: Das ist eine Technik, mit der Sie für einen kurzen Augenblick Ihren ganzen Körper entspannen. Wenn Sie die Technik erst einmal perfekt beherrschen, können Sie sie überall anwenden. Sie wird den Menschen um Sie herum nicht auffallen. Ich wende sie oft während der Predigt an, wenn ich beim Zahnarzt im Wartezimmer sitze, beim Frisör, wenn ich in der Post Schlange stehe, im Flugzeug usw.

Sie müssen sich lediglich vorstellen, Sie wären gerade vom Einkaufen nach Hause gekommen. Sie haben mit schweren Taschen in beiden Händen ganze Kilometer zurückgelegt. Sie kommen nach Hause, schleudern die Schuhe von sich und lassen sich in einen Sessel fallen. Kennen Sie das herrliche Gefühl von Erleichterung, das Sie in diesem Augenblick überkommt? Diesen Zustand müssen Sie während dieser Entspannungsübung herstellen. Sie lassen einen kurzen Moment lang Ihre übermüdeten Muskeln völlig los. Ihr gesamter Körper sollte ganz schwer werden, ein totes Gewicht, und ganz locker und schlaff, während Sie tief ausatmen.

Wenn Sie eine Weile lang in dieser Position verharren, können Sie versuchen, das Gefühl festzuhalten, indem Sie Ihre Gliedmaßen noch lockerer und schlapper und schwerer werden lassen, bis zu den Zehen und Fingerspitzen. Sie müssen sich bloß vorstellen, daß alle Muskeln locker werden und sich entspannen. Mit ein bißchen Übung wird es leichter gehen. Um die Reserven in Ihrem Tank wieder aufzufüllen, brauchen Sie nicht unbedingt in einen Zustand völliger Entspannung zu geraten. Aber je entspannter Sie werden, desto besser werden die Reserven aufgefüllt. Begehen Sie jedoch nicht den Fehler, sich über sich selbst zu ärgern, wenn Sie sich nicht so entspannen können, wie Sie das gerne hätten, denn dann wird einiges von Ihrer kostbaren Ruhe verlorengehen. *Seien Sie einfach mit dem zufrieden, was Sie schaffen können.*

Beine plumpsen lassen: Diese Übung kann nicht wie die vorherige an öffentlichen Plätzen gemacht werden – es sei denn, in Ihnen steckt ein kleiner Exhibitionist.

Ich fand ganz zufällig heraus, daß ich diese Übung früher, als ich fast noch ein Kind war, sehr gerne gemacht habe. Als meine Tochter noch ein Kleinkind war, erwischte sie mich einmal dabei und machte es mir nach. Jetzt sind zehn Jahre vergangen, und sie macht diese Übung immer noch.

Direkt nach einem Bad, wenn die Muskeln noch warm und entspannt sind, macht sie mir am meisten Spaß, aber sie läßt sich jederzeit anwenden. Manchmal vertreibe ich damit negative Gedanken.

Für diese Übung legen Sie sich am besten der Länge nach auf ein Bett. Auf dem Boden kann es weh tun. Da ich nicht sehr groß bin, lege ich mich immer quer auf ein Doppelbett, so daß ich die eine Bettkante unter der Achselhöhle habe. Meine Zehen ragen dabei nicht über die andere Bettkante hinaus. Falls Ihre das tun, legen Sie sich der Länge nach aufs Bett und lassen Kopf und Arme über das Fußende baumeln.

Dann beugen Sie die Knie, so daß Ihre Unterschenkel zur Decke zeigen. Dabei sollten Sie versuchen, den Rest des Körpers so gut wie möglich zu entspannen, achten Sie darauf, daß Ihre Arme locker über die Bettkante baumeln. Lassen Sie Ihr Kinn bzw. Ihren Kopf seitwärts auf dem Bett liegen, heben Sie ihn nicht an.

Nun lassen Sie Ihre Beine wieder aufs Bett fallen. Sie dürfen dabei überhaupt keine Kraft aufwenden. Durch die Schwerkraft geht das ganz von allein. Wenn Sie Ihre Beine plumpsen lassen, müssen sie so schlapp wie möglich sein. Wie entspannt Sie sind, können Sie an dem dumpfen Geräusch merken, mit dem sie aufs Bett aufschlagen; je entspannter Sie sind, desto dumpfer hört es sich an. In der Regel kommt das eine Bein ein bißchen früher auf als das andere.

Ich mache das meistens mehrmals hintereinander und mache mir einen Spaß daraus, meine Beine jedesmal etwas schwerer werden zu lassen.

Arme plumpsen lassen: Diese Übung geht genauso wie die mit den Beinen, aber es gibt mehr Gelegenheiten, sie anzuwenden. Ich mache sie oft beim Fernsehen, aber nur mit den Unterarmen. Außerdem ist es leichter, wenn man sie immer nur mit einem Arm macht. Setzen Sie sich so hin, daß Ihr Ellbogen auf einer weichen Unterlage aufliegt. Heben Sie den Unterarm an, so daß er zur Decke zeigt. Lassen Sie den Arm fallen und dabei so schwer wie möglich werden.

—— *3. Notfall*

Diese dritte Gruppe von Techniken ist besonders nützlich, wenn Sie von irgend etwas aufgerieben werden und wieder ruhiger werden wollen. Falls eine dieser Übungen Ihnen besonders zusagt, können Sie sie auch jederzeit als allgemeine Entspannungstechnik anwenden. Das Geheimnis besteht darin, daß Sie ein wenig experimentieren, um herauszufinden, welche Übung in welchen Momenten am besten für Sie ist.

Treppen hochlaufen: Hoffentlich erinnern Sie sich noch aus dem ersten Kapitel daran, daß körperliche Aktivität ein natürliches Heilmittel gegen Angst ist. Daher hilft es, Treppen hochzulaufen. Manchmal ist es, wenn Sie sich über irgend etwas aufregen, nicht leicht, sich einfach hinzusetzen und zu entspannen; Ihr Körper fühlt sich an, als wolle er etwas tun.

Treppenlaufen ist dann genau das richtige für ihn. Rennen Sie ein paar Stockwerke hoch. Sie können das einmal oder mehrmals tun – das hängt davon ab, wie lang die Treppen und wie fit Sie sind. Anschließend gehen Sie die Treppen wieder runter, laufen und entspannen sich und wenden eine der ruhigeren Methoden an.

Da Sie nun körperlich müde sind, können Sie sich jetzt leichter entspannen. Sie *müssen* aber nicht Treppenlaufen, wenn Sie in irgendeiner Form körperlich nicht fit sind.

Matratzendrücken: Diese Übung funktioniert nach einem ähnlichen Prinzip wie die vorherige. Sie legen sich der Länge nach aufs Bett, entweder auf den Bauch oder auf den Rücken, je nachdem, was angenehmer für Sie ist. Dann versuchen Sie, sich durch die Matratze zu drücken, indem Sie so viele Muskeln anspannen, wie Sie nur können. Drücken Sie nicht einfach nur mit den Händen oder Knien, sondern gleichzeitig mit Kinn, Brustkorb, Oberschenkeln, Schultern und so weiter (wenn Sie auf dem Bauch liegen) oder mit Gesäß, Oberschenkeln, Waden, Fersen, Schulter, Rückgrat und so weiter (wenn Sie auf dem Rücken liegen).

Verspannen Sie sich nicht unnötig, aber drücken Sie sich fest ins Bett hinein. Sie werden merken, daß Sie mit einigen Muskeln heftig drücken und dabei die anderen vernachlässigen, und daß Sie, wenn Sie sich dann auf diese Muskeln konzentrieren, wieder die anderen vergessen.

Diese Übung hilft nicht nur, ein Gespür für die verschiedenen Muskeln zu entwickeln, sondern nimmt auch die übermäßige Anspannung von Ihnen weg, so daß es Ihnen leichter fallen wird, sich zu entspannen. Ich lasse nach dieser Übung gerne noch die Beine plumpsen. Achten Sie auch hierbei darauf, daß Sie ruhig bleiben.

Durch die Nase atmen: Diese Übung stammt ursprünglich aus dem Yoga. Falls Sie in einen Yogakurs machen oder bei sich zu Hause sind, könnten Sie diese Übung sehr schön auf die Yogaart machen. Wenn Sie in einem überfüllten Bus sitzen oder sich an einem anderen öffentlichen Ort aufhalten, ist es nicht ganz so leicht, sie richtig zu machen, es sei denn, es ist Ihnen gleichgültig, daß die Leute Sie anstarren (siehe Abb. 7, Seite 96)!

Da ich Ihnen hier Mittel und Weg aufzeigen möchte, wie Sie sich in Notfällen beruhigen können, sollten Sie wenigstens ein paar Techniken kennenlernen, die man unauffällig anwenden kann. Daher habe ich die ursprüngliche Übung ein wenig abgeändert.

Meine Version des Atmens durch die Nase wirkt zum einen dadurch, daß Sie gezwungen sind, sich mehr auf Ihren Atem zu konzentrieren als auf das, was Sie quält, und zum andern dadurch, daß gleichmäßiges Atmen die Angstreaktion Ihres Körpers dämpft. Falls Sie sich an einem öffentlichen Ort befinden, brauchen Sie nur so zu tun, als wollten Sie sich die Nase putzen, dann merkt man nicht, was Sie eigentlich machen.

Versuchen Sie zu erreichen, daß Ihr Körper bei der ganzen Übung so schwer und entspannt wie möglich bleibt. Nehmen Sie ein Taschentuch und halten Sie es mit Daumen oder Zeigefinger über die Nase. Drücken Sie ein Nasenloch zu und lassen Sie das andere offen. Atmen Sie durch das offene Nasenloch und zählen Sie bis vier. Dann halten Sie beide Nasenlöcher mit leichtem Druck zu und zählen bis vier, wobei Sie den Atem anhalten. Achten Sie darauf, daß Sie jetzt nicht die Schultern hochziehen. Danach lassen Sie ein Nasenloch los und halten das andere zu. Jetzt atmen Sie langsam aus und zählen bis vier. Anschließend nehmen Sie die Hände weg und tun gar nichts, Sie atmen weder ein noch aus und zählen bis vier.

Schließlich machen Sie das Ganze noch einmal und fangen diesmal mit dem anderen Nasenloch an. Machen Sie sich keine großen Gedanken, falls die anderen sich zu fragen scheinen, was Sie da tun – das ist nur Neugierde. Wahrscheinlich denken sie, daß Sie eine schwere Erkältung haben und nicht mehr ständig die Nase hochziehen wollen.

Es gibt noch eine vereinfachte Version des Atmens durch die Nase, die jederzeit sehr wirkungsvoll angewandt werden kann, und zwar die Technik des *Mitzählens beim Atmen.* Dazu müssen Sie Ihren Körper schwer werden lassen, tief und langsam durch die Nase einatmen, und dabei Ihre Bakken und Ihren Bauch mit Luft füllen. Am besten ist es, wenn Sie Ihre Handflächen dabei in Taillenhöhe auf den Bauch legen. Wenn Sie die Übung richtig machen, werden Sie spüren, wie Ihre Hände sich beim Ein- und Ausatmen heben und senken. Beim Einatmen zählen Sie langsam mit. Ganz

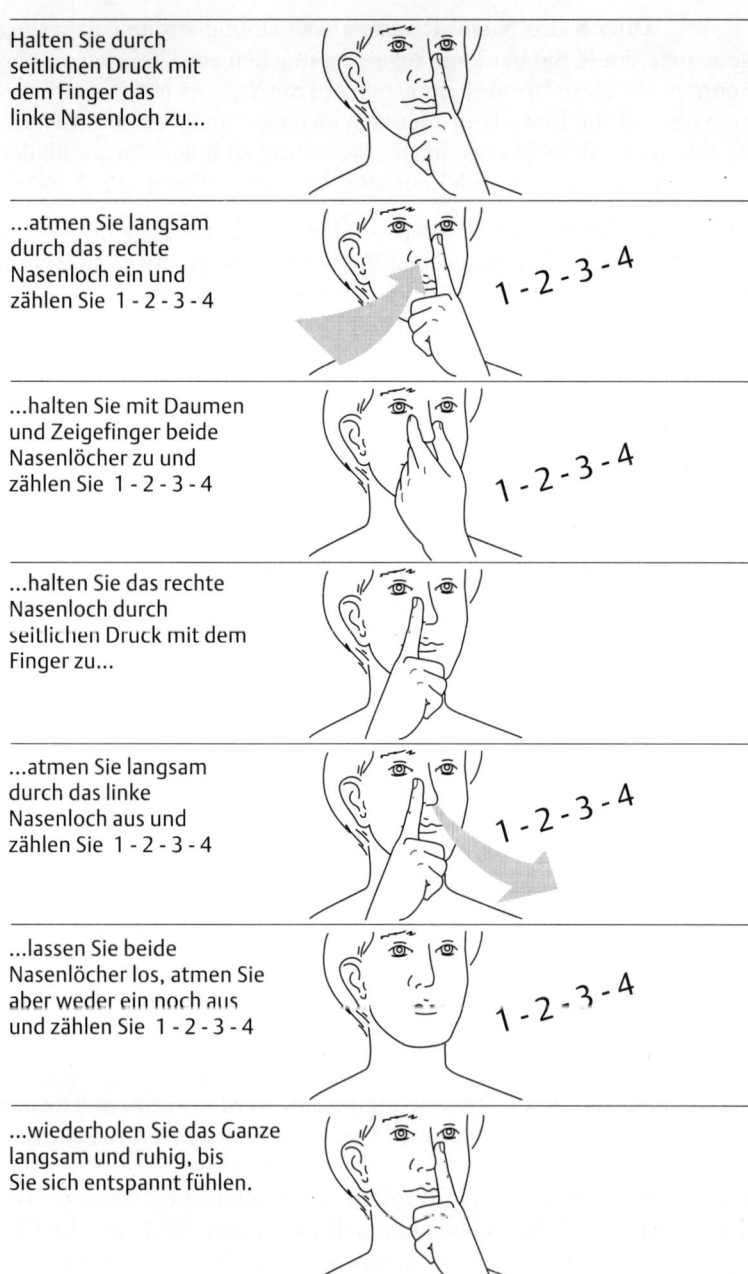

Halten Sie durch seitlichen Druck mit dem Finger das linke Nasenloch zu...	
...atmen Sie langsam durch das rechte Nasenloch ein und zählen Sie 1 - 2 - 3 - 4	1 - 2 - 3 - 4
...halten Sie mit Daumen und Zeigefinger beide Nasenlöcher zu und zählen Sie 1 - 2 - 3 - 4	1 - 2 - 3 - 4
...halten Sie das rechte Nasenloch durch seitlichen Druck mit dem Finger zu...	
...atmen Sie langsam durch das linke Nasenloch aus und zählen Sie 1 - 2 - 3 - 4	1 - 2 - 3 - 4
...lassen Sie beide Nasenlöcher los, atmen Sie aber weder ein noch aus und zählen Sie 1 - 2 - 3 - 4	1 - 2 - 3 - 4
...wiederholen Sie das Ganze langsam und ruhig, bis Sie sich entspannt fühlen.	

Abb. 7   Zur Entspannung: Nasenatmung in sieben Schritten

gleich, bis zu welcher Zahl Sie kommen, Sie *müssen* beim Ausatmen dieselbe Zahl erreichen und dabei immer in derselben Geschwindigkeit mitzählen.

Eine weitere Spielart dieser Übung sieht so aus, daß Sie beim Zählen die Augen schließen und sich vorstellen, Sie hätten einen riesigen Ballon in Ihrem Innern. Während Sie einatmen, »sehen« Sie, wie der Ballon immer mehr anschwillt und beim Ausatmen wieder zusammenschrumpft. Überlegen Sie sich, welche Farbe oder Farben Ihr Ballon hat, und stellen Sie sich den Ballon so lebhaft vor, wie Sie nur können.

Sie können die Übung so oft wiederholen, wie Sie wollen – je öfter, desto besser.

Das wären nun die Körpertechniken. Ich schlage vor, Sie probieren sie alle einmal aus. Sie werden dann schon sehen, welche Übung für Ihre Zwecke die beste ist. Vielleicht werden Sie einige sehr oft anwenden und wieder andere nur gelegentlich – Sie haben die Wahl. Aber vor allem müssen Sie Geduld haben. Nichts funktioniert gleich beim ersten Mal. Um Ihnen an einem Beispiel zu veranschaulichen, wie wichtig die Geduld ist, werde ich Ihnen die Geschichte von Kristine erzählen.

Kristine wurde früher immer so ängstlich, daß sie Atemschwierigkeiten und Sehstörungen bekam. Wenn das geschah, bekam sie Angst, sie müsse jetzt sterben. Natürlich nahm bei diesem Gedanken ihre Angst zu und ihre Symptome wurden nur noch schlimmer.

Sie lernte ein paar Entspannungs- und Atemtechniken und begriff, daß sie ihre Attacken durch ihre völlig grundlose Angst, sie müsse sterben, selbst herbeiführte. Wenn sie keine Angst hatte, konnte sie klar erkennen, wie dumm sie war. Wenn sie sich aber das nächste Mal aufregte, waren all ihre guten Vorsätze wie in den Wind geblasen, und sie fing wieder an, andere zu bitten, ihr zu sagen, daß sie nicht sterben müsse.

Nach einem solchen Anfall konnte sie dann sagen: »Ich weiß jetzt, daß es dumm ist und daß ich mich entspannen sollte, aber ich kann nicht. Ich habe Angst, daß ich sterben werde, wenn ich mich entspanne und loslasse.«

In solchen Momenten kommen die Überlegungen ins Spiel, die der Hl. Augustinus über das Gottvertrauen angestellt hatte. Wenn Sie starke Angst haben und den ganz natürlichen Hang verspüren, Widerstand zu leisten und zu kämpfen und dadurch die Angst noch größer werden lassen, müssen Sie auf das, was man Ihnen beigebracht hat, *vertrauen* – daß nämlich die Angst vorbei gehen wird, *wenn* Sie loslassen. Nachdem Sie es einmal versucht haben, haben Sie den Beweis, daß es funktioniert. Doch zuerst müssen Sie daran *glauben*, daß es funktioniert.

Kristine bemühte sich, zu diesem Glauben zu kommen. Sie hatte oft versucht, sich genau so zu entspannen, wie es ihr beigebracht wurde – aber sie war ungeduldig. Ihre Symptome wären allmählich abgeklungen, aber sie konnte nicht warten. Sie mußte immer gleich nachprüfen, ob sie auch tatsächlich weg waren. Sie hatte Angst, sie könnte herausfinden, daß sie immer noch da waren. Dadurch kamen die Symptome natürlich sofort wieder zurück.

Sie müssen sich in Geduld üben, wenn Sie gegen Angst und Sorgen angehen wollen. Sie müssen beharrlich das tun, wofür Sie sich entschieden haben – vor allem, wenn die Sache nur schwer vorangeht. Denn gerade in den harten Zeiten kann die Angst Sie unterkriegen, nicht in den Zeiten, wenn alles leicht geht.

Kristine schaffte es am Ende doch. Hätte sie sich die Geduld schon früher zur Freundin gemacht, wäre es schneller gegangen. An der Leichtigkeit, mit der die meisten von uns sich selbst durch bloße Gedanken noch mehr Angst machen können, sehen wir, wie gut unsere Wachposten darauf trainiert sind, auf Angst zu reagieren. Sie sollten jedoch immer daran denken, daß Sie hier der Oberfeldwebel sind. Der Wachposten wird nur das tun, worauf er trainiert ist, aber es liegt in *Ihrer* Macht, ihm den Befehl »Rührt euch!« zu geben oder nicht.

Zweite Übung in positivem Leben

Um zu entscheiden, mit welcher Körperübung Sie den Ruhepegel am besten konstant halten können, müssen Sie folgendes tun:

Schreiben Sie in zwei verschiedenen Listen alle guten und schlechten Aspekte Ihres Lebens auf.
Überlegen Sie sich, welche Veränderungen nötig wären und listen Sie sie auf.
Ordnen Sie diese Veränderungen, je nachdem wie wünschenswert sie Ihnen erscheinen – welche wollen Sie zuerst in Angriff nehmen? Bei dieser Wahl gibt es kein richtig oder falsch, es ist eine persönliche Entscheidung. Es ist völlig sinnlos, sich zu etwas zu entschließen, nur weil Sie denken, daß Sie es sollten – zum Beispiel mit dem Rauchen aufzuhören, obwohl Sie es gar nicht wirklich wollen. Auf diese Weise scheitern Sie ganz bestimmt und werden am Ende das ganze Projekt über den Haufen werfen. Statt dessen sollten Sie sich zunächst auf jene Dinge konzentrieren, die am leichtesten zu ändern sind und/oder die Sie am meisten ändern wollen. Mit der Zeit werden Sie allgemein ruhiger und gesünder werden, und dann wird es Ihnen leichter fallen, auch andere schlechte Gewohnheiten aufzugeben. Ich habe starke Raucher und Trinker gekannt, die am Ende gar keine Lust mehr hatten zu rauchen und zu trinken, weil es Ihnen nicht mehr richtig vorkam. Es war keine Qual mehr für sie, und sie hatten nicht mehr das Gefühl, sie müßten auf etwas verzichten, was ihnen Spaß macht. Sie waren an einem Punkt angelangt, an dem es ihnen wichtiger war, sich gesund zu fühlen.
Fangen Sie mit dem ersten Punkt auf Ihrer Liste an.
Während Sie versuchen, einen negativen Aspekt zu ändern, sollten sie gleichzeitig eine positive neue Technik anwenden. Falls Sie sich zum Beispiel angewöhnen wollen, statt Weißbrot Vollkornbrot zu essen, können Sie jeden Abend noch die Übung mit dem Armeplumpsen machen.

Das ist ein nur ein Vorschlag. Sie machen sich Ihr eigenes Programm. Bleiben Sie beharrlich, halten Sie durch und haben Sie Spaß daran. Die Geduld wird bald Früchte tragen.

Schreiben Sie die Körperübungen auf, mit denen Sie Ihren Ruhetank gefüllt halten wollen (siehe nochmals S. 78).

≡ Denkarten: Fakten und Gefühle

Erinnern Sie sich daran, auf welche Weise die Erinnerungsfenster unsere Sichtweise der Gegenwart einfärben und uns daran hindern, eine bestimmte Situation so zu sehen wie sie ist und entsprechend zu reagieren?

Wir richten unser Leben entsprechend den Überzeugungen ein, an die wir glauben. Viele dieser Überzeugungen werden am Leben erhalten, weil wir ähnliche Situationen weiterhin mittels der Erinnerungsfenster interpretieren, die durch solche Überzeugungen geschaffen wurden. Das bedeutet, daß wir dazu neigen, sobald wir uns über irgendetwas eine Meinung gebildet haben, andere damit in Verbindung stehende Dinge unter denselben Vorzeichen zu betrachten. In der Regel ist es so, daß wir einer neuen Situation nicht mit völliger Offenheit begegnen, geschweige denn mit einer positiven Grundeinstellung.

Ich hörte einmal ein Interview, bei dem Billardspieler nach einem Spiel befragt wurden, in dem ihnen ein besonders entscheidender Stoß gelungen war. Die meisten erzählten, wie schrecklich es gewesen war, weil sie nur noch an eine frühere Gelegenheit denken konnten, bei der sie einen ähnlich entscheidenden Stoß tun mußten, die Kugel aber ihr Ziel verfehlt hatte!

Ich wage nun zu behaupten, daß sie diesen Stoß auch bei vielen anderen Gelegenheiten erfolgreich hätten ausführen können. Doch der gute alte Wachposten, der stets nach unangenehmen Folgen Ausschau hält, um dann zu versuchen, ihnen aus dem Wege zu gehen, verleitet diese Spieler dazu, den Stoß durch das Erinnerungsfenster zu sehen, das die Spuren des früheren katastrophalen Scheiterns trägt. Folglich fühlt der Spieler sich nun leicht unwohl oder wird sogar richtig ängstlich. Die Muskeln spannen sich an, das Herz schlägt zu schnell, um eine ruhige Hand und einen ruhigen Blick zu bewahren, die Konzentration wird von dem Stoß abgelenkt und richtet sich auf die möglichen unangenehmen Folgen – und meistens verfehlt die Kugel dann ihr Ziel.

Da wir alle auf der Grundlage dessen, was uns in der Vergangenheit widerfahren ist, Überzeugungen und Meinungen ausbilden, werden auch diese von unseren Erinnerungsfenstern beeinflußt. Viele Menschen sind in ihrem Leben nicht glücklich, weil sie es durch die verschiedensten unzutreffenden Überzeugungen hindurch betrachten.

Der Amerikaner Albert Ellis hat in den vielen Jahren seiner Tätigkeit als Psychotherapeut drei dieser weit verbreiteten falschen Grundannahmen festgehalten. Wir werden sie *Irrglauben* nennen. Ellis nannte seine drei die »Irrationale Trinität«. Es handelte sich um irrige Annahmen und Überzeugungen, denen eine große Zahl seiner Patienten anhingen und die sie für korrekt hielten. Sie wurden von den betreffenden Patienten nie in Frage gestellt, dennoch führten diese Patienten ein Leben, das auf genau diesem Irrglauben beruhte.

Im Laufe meiner eigenen Arbeit, vor allen bei der Behandlung von Angststörungen, bin auch ich häufig diesem Irrglauben begegnet. Die irrigen Annahmen, auf die ich gestoßen bin, sahen ein wenig anders aus. Meine eigenen *drei wesentlichen Irrglauben* lauten wie folgt:

1. Ich *sollte* mir über irgend etwas Sorgen machen, weil es andernfalls hieße, ich würde mich nicht kümmern.
2. Ich *sollte* nicht zu optimistisch sein, um das Schicksal nicht herauszufordern.
3. Jeder *sollte* mich mögen.

Wie vielen von diesen Überzeugungen hängen auch Sie an? Die ersten beiden haben wir bereits angesprochen. Welche Konsequenzen hat die dritte?

Ist es Ihnen schon einmal so gegangen, daß Sie auf einer Party waren und Ihnen eine Person, der Sie noch nie begegnet waren, auffiel? Diese Person ist alleine aufgrund der Stärke ihrer Persönlichkeit bemerkenswert, da man das Gefühl hat, daß sie ihrer Persönlichkeit wirklich Ausdruck gibt. Sie mögen mit den Ansichten dieser Person übereinstimmen oder auch nicht, aber die Person selbst respektieren Sie trotzdem.

Dann ist noch eine Person auf der Party, die dem Irrglauben Nummer drei anhängt – das heißt, daß jeder sie mögen muß. Um das zu erreichen, muß diese Person ständig aufpassen, das nichts von dem, was sie sagt oder tut, jemanden beleidigen oder jemandem mißfallen könnte. Das gelingt dieser Person so gut, daß sie niemandem auffällt, sie fürchtet sich so sehr davor, jemanden zu beleidigen, daß tatsächlich niemand ihre wahren Gedanken oder Gefühle kennt – falls sie überhaupt welche hat.

Tatsache ist, daß es in dieser Welt nicht möglich ist, daß jeder Sie mag. Ganz gleich, wie sehr Sie sich bemühen, ganz gleich, wie sehr Sie versuchen, niemandem zu nahe zu treten, ein Heiliger zu sein . . . Es wird immer irgend jemanden geben, der Sie nicht mag. Da Sie das nun wissen, was wäre Ihnen lieber – daß man sich an Sie erinnert, weil Sie auf die eine oder andere Weise einen Eindruck hinterlassen haben, oder daß man Sie völlig übersieht?

Wenn Sie erreichen wollen, daß alle Sie mögen, müssen Sie unausgesetzt sämtliche Elemente Ihrer Persönlichkeit ausmerzen, die Mißfallen erregen könnten. Da verschiedene Menschen verschiedene Dinge mögen oder nicht mögen, bedeutet das, daß Sie ständig an Ihren Gedanken, Gefühlen und Verhaltensweisen herumdoktern müssen, um jeder Person, der Sie begegnen, gerecht zu werden. Was passiert jetzt aber, wenn Sie mit zwei Menschen zusammenkommen, deren Ansichten so unterschiedlich sind, daß Sie unmöglich beiden zugleich gefallen können?

Das genau sind die Probleme, mit denen jene Menschen zu kämpfen haben, die dem Glauben anhängen, jeder müsse sie mögen. Da nimmt es nicht wunder, daß solche Menschen häufig unter starken Angststörungen und mangelndem Selbstvertrauen leiden. Sie wissen nicht, wer sie sind. Sie haben allmählich das Gefühl, die Kontrolle über ihre eigene Persönlichkeit verloren zu haben, der Wachposten ist völlig verunsichert, die Ressourcen des Ruhetanks werden aufgezehrt, und dadurch werden sie ängstlich und lassen sich von ihren Gefühlen völlig überwältigen.

Wenn das Gefühl, mit sich selbst zufrieden zu sein oder nicht, bei Ihnen stets von den Reaktionen anderer Leute abhängt – das heißt davon, ob man Sie mag oder nicht, ob man Ihnen zustimmt oder nicht – dann haben Sie Ihr eigenes Glück nicht wirklich in der Hand. Da wir wissen, wie wichtig es für Ihre Ruhe ist, daß Sie das Gefühl haben, über Sie selbst Kontrolle zu haben, ist jeder, der ständig allen gefallen will, zum Scheitern verurteilt.

Warum können Sie nicht allen gefallen, ganz gleich, wie gut Sie sind?

Um darauf eine Antwort zu finden, müssen wir die Frage umdrehen und fragen: »Warum mögen Menschen sich nicht?« Die Antwort darauf ist seltsamerweise ganz einfach – in der Regel ist das so, weil sie sich in irgendeiner Weise vom anderen bedroht fühlen.

═══ Sich bedroht fühlen, sich ärgern

Der Psychologe George Kelly sagte, wir sehen von der Welt nur das, was wichtig für uns ist. Daher mögen die Eigenschaften, die Sie an Ihrer Schwester schätzen, sich völlig von denen unterscheiden, die eine Kundin des Schönheitssalons, in dem sie arbeitet, an ihr schätzt. Und doch handelt es sich immer noch um ein und dieselbe Person. Der Unterschied ist lediglich der, daß Sie und die Kundin unterschiedliche Dinge von ihr erwarten, und daher eher diese wahrnehmen als andere.

Nehmen wir ein anderes Beispiel: Ihre Großmutter hegt vielleicht den geheimen Wunsch, einmal mit dem Fallschirm zu springen. Das ist etwas, von dem Sie und der Rest der Familie überhaupt nichts wissen, weil es nicht zu dem Bild der zerbrechlichen alten Dame paßt, so daß es Ihnen nie in den Sinn käme, sie danach zu fragen.

Wenn Sie neue Leute kennenlernen, achten Sie dann darauf, wie deren Nasen ausschauen, solange sie nicht wirklich sehr ungewöhnliche Nasen haben? Ich wette, Sie achten nicht darauf. Es sei denn, Sie haben wegen Ihrer Nase einen Komplex. Dann würden Sie genau auf die Form anderer Nasen achten, vor allen auf die, die Sie selbst gerne hätten.

Dasselbe passiert, wenn Sie gerade eine Diät machen. Dann nehmen Sie genau wahr, wie dick oder wie dünn andere Leute sind. Wenn Sie sich hingegen keine großen Gedanken um Ihr Gewicht machen, dann achten Sie auch nicht sonderlich auf das der anderen, solange Sie nicht aus irgendwelchen Gründen dazu gezwungen sind.

Bei Emotionen wie Haß oder Eifersucht ist das nicht anders. Es kommt häufig vor, daß Sie eine Person nicht mögen, weil sie Ähnlichkeiten mit einer Person hat, von der Sie früher einmal verletzt wurden. Sie mögen andere Leute nicht, weil sie etwas haben, das Sie selbst gerne hätten und Sie eifersüchtig werden. Sie mögen andere nicht, weil Sie befürchten, sie könnten Ihnen etwas wegnehmen, woran Ihnen sehr viel liegt, eine bessere Arbeitsstelle, einen Verwandten, einen Freund oder eine Freundin, Ihre Privatsphäre und so weiter. Sie ärgern sich über andere Leute, weil Sie sich in irgendeiner Weise von ihnen bedroht fühlen.

Es ist schon vorgekommen, daß Menschen zu Todfeinden wurden, daß Familienfehden entstanden, einzig und allein aus dem Grund, daß die Hauptakteure bei diesem Streit den Zorn des anderen persönlich nahmen. Wutausbrüche zwischen zwei Menschen sollten nicht für bare Münze genommen werden, da immer ein großer Teil von Informationen unausgesprochen bleibt.

Zur Veranschaulichung hier nun die Schilderung einer Situation, in die Tom, einer meiner Patienten, mit seinem Nachbarn geriet.

Tom zog entlang dem Grenzzaun zwischen seinem kleinen Landbesitz und dem seines Nachbarn ein Fundament hoch. Tom war gerade bei der Arbeit, als sein Nachbar aus dem Haus kam und über den Zaun sah. Tom dachte sofort: »Was will der bloß?« Außerdem befürchtete er, sein Nachbar wolle sich vielleicht beschweren, denn gewöhnlich plauderten sie nicht miteinander.

Der Nachbar fing das Gespräch an: »Was bauen Sie denn da?« Nun können wir annehmen, das der Nachbar Angst hatte, Tom wolle etwas bauen, das ihn stören würde. Der Nachbar fühlte sich also durch Toms Aktion bereits bedroht und zeigte das durch seine Frage, was er denn da mache.

Tom spürte die Aggression hinter den Worten des Nachbarn und reagierte aus Selbstschutz mit Wut. Tom erwiderte. »Das geht Sie überhaupt nichts an!«

Natürlich fühlte sich der Nachbar dadurch nur noch mehr bedroht, da er sich jetzt um so sicherer war, daß Tom ihm etwas verbarg. Der Nachbar wurde noch wütender und wiederholte seine Frage. Daraufhin steigerte sich auch Toms Wut. Der Streitfall endete vor Gericht.

Das ist zwar ein extremes Beispiel, aber es ist eine wahre Geschichte. Das Traurige daran ist, daß Tom – hätte er die Angst bemerkt, die sich hinter der ersten Frage des Nachbarn verbarg, und ihn einfach beruhigt – den ganzen unerfreulichen Schlamassel hätte vermeiden können. Tom hätte den Nachbarn beruhigen können, indem er ihn einfach aus der Ungewißheit erlöst hätte, was er da bauen wollte. Tom hätte sagen können: »Ich baue ein Hühnerhaus, aber ich kann Ihnen versichern, daß Sie weder durch Lärm noch durch Gestank belästigt werden.« Schließlich lebten sie auf kleinen Landgütern, wo es gang und gäbe war, daß man sich Hühner hielt.

Der springende Punkt bei dieser Geschichte ist, daß wir daran sehen können, wie jeder der beiden den Fehler begeht zu denken, der andere wolle ihn angreifen. Doch bei beiden ist Verteidigung das wahre Motiv. Jeder der beiden Männer fühlt sich angegriffen, der Wachposten ist angespannt und um sich zu verteidigen, greift er zur »Kampf«-Reaktion. Auf diese Weise können sich Probleme, bei denen man sich gütlich einigen könnte, über jedes vernünftige Maß hinaus aufblähen.

Wie man dem Irrglauben auf die Spur kommt

Es gibt noch eine Spielart des Irrglaubens »Alle sollten mich mögen«. Diesmal geht es um unsere Erwartungen, wie wir uns in einer bestimmten Rolle verhalten *sollten*.

Zum Beispiel gibt es Frauen, die glauben, sie müßten die perfekten Mütter sein und die Schuldgefühle haben, weil sie ihre Familien nicht mit selbstgebackenen Kuchen oder ähnlichem verwöhnen. Mit dieser Rolle haben die Werbeleute lange Zeit gespielt, um Frauen, die an solchen Schuldkomplexen leiden, davon zu »überzeugen«, ihr Produkt zu kaufen. Wenn sie zum Beispiel eine »perfekte« Mutter zeigen, die ihre Familie mit selbstgebackenem Kuchen frisch aus dem Ofen füttert, und kurz darauf dieselbe »perfekte« Mutter, wie sie das Spülbecken mit einem bestimmten Schwämmchen reinigt. Nun sieht die Mutter, die sich diese Sendung anschaut und sich selbst für alles andere als perfekt hält, weil sie keine Kuchen bäckt, einen Weg, wie sie sich wieder reinwaschen kann, nämlich indem sie jetzt diese Schwämmchen kauft, um damit das Spülbecken zu reinigen. Auf diese Weise machen die Verkäufer ein Geschäft, nur weil die Frauen dazu neigen, sich weismachen zu lassen, wie sie sein *sollten*.

Außerdem haben manche Menschen bestimmte Erwartungen, wie sie ihre Arbeit tun sollten. Diese Erwartungen sind oftmals unvernünftig und unnötig. Nehmen wir Williams Fall als Beispiel.

William war sechzig Jahre alt. Er war Angestellter in einer mittleren Managementposition und hatte nur noch fünf Jahre bis zur Rente. Er war der Ansicht, daß er als Manager eigene Ideen haben sollte. Die Folge war, daß er, wann immer einer seiner Untergebenen einen Vorschlag machte, wie dies oder jenes getan werden könnte, anstatt ihn als brauchbar zu bewerten und den Vorschlag anzunehmen, immer das Gefühl hatte, er müsse einen noch besseren Vorschlag machen, weil seine Position das verlange. In Wahrheit war William aber nur selten in der Lage, etwas Besseres vorzubringen. Trotzdem mühte er sich viele frustrierende Stunden mit dem Versuch ab, auf Ideen zu kommen. Er verbrachte schlaflose Nächte, ohne Erfolg. Die meiste Zeit quälte er sich herum und fühlte sich gestreßt.

Als er zu mir in Behandlung kam, schlug ich ihm vor, wir sollten uns seine Grundeinstellungen und Annahmen zu seiner Arbeit einmal genau anschauen, vor allem die Annahme, er müsse immer bessere Ideen als seine Untergebenen haben. Bei eingehender Betrachtung erwies sich diese Annahme als falsch. Sie war ein Irrglaube.

Ich ermutigte ihn außerdem, sich seine positiven Eigenschaften in Erinnerung zu rufen, die ihn zum kompetenten Manager gemacht hatten. Man hatte ihn nicht notwendigerweise dafür befördert, neue Ideen zu *haben*, sondern sie in die Praxis umzusetzen.

Als ich ihn das nächste Mal sah, schien William seine Sicht auf das Leben grundlegend geändert zu haben, und es macht ihm nun auch viel mehr Spaß. Er erzählte mir, er habe sich entschlossen, seine Energien nicht mehr darauf zu vergeuden, Ideen, an denen es nichts auszusetzen gibt, noch zu verbessern und sich dabei nur unnötig Sorgen zu machen. Er sagte jetzt: »Ich lasse sie einfach ihre Arbeit tun und komme damit bestens zurecht.«

Für einen Außenstehenden schien sich nichts geändert zu haben, denn schließlich war ja auch Williams altes Selbst gezwungen gewesen, die Ideen seiner Untergebenen am Ende zu akzeptieren, da er nur selten mit besseren Ideen ankam. Es hatte sich nur bei ihm selbst etwas getan. Er nahm die Dinge nun so hin, wie sie wirklich waren.

Wenn Sie sich also nicht wirklich auf die Reaktionen anderer Leute verlassen können, wie können Sie sich dann ein eigenes Urteil über sich selbst bilden?

Indem Sie ganz einfach Ihre eigenen Maßstäbe setzen, ihre eigenen Erwartungen herausbilden, wie Sie sich zu verhalten haben und was Sie erreichen wollen – und in Ihrem Leben danach handeln, ganz gleich, was die anderen davon halten. Wenn tatsächlich die Mehrzahl der Leute, auf deren Meinung Sie etwas geben, etwas an Ihnen auszusetzen hat, dann müssen Sie unter Umständen neue Maßstäbe setzen. Aber *Sie* müssen sie setzen und *Sie* müssen etwas ändern. Sie tun nur das, was Sie für richtig befunden haben. Was immer Sie tun, geben Sie *Ihr* Bestes – mehr kann niemand verlangen. Nur *Sie* allein können wissen, ob Sie Ihr Bestes gegeben haben.

Wenn Sie sehr klare Vorstellungen haben, wie andere Leute sich verhalten »sollten«, werden Sie immer wieder enttäuscht werden. Außerdem werden Sie dann das Gefühl bekommen, daß Sie die Dinge nicht unter Kontrolle haben. Wenn Sie aber die Welt mit offenen Augen betrachten, wenn Sie zwar eine Vorstellung davon haben, wie Menschen sich in der Regel verhalten sollten, es aber akzeptieren, daß sie sich unter Umständen anders verhalten, dann sind Sie auf alles gefaßt. Sie werden nicht enttäuscht werden. Und dann werden Sie auch öfter das Gefühl haben, daß Sie die Dinge unter Kontrolle haben und sich ruhiger fühlen.

Die Dinge akzeptieren und anders interpretieren

Das führt uns zum nächsten Stadium, dem Stadium, in dem Sie die Dinge so akzeptieren, wie sie sind. Wenn Sie erst einmal erkannt haben, wodurch Ihre Sicht der Realität verzerrt wird, wenn Sie Ihren eigenen Irrglauben erst einmal durchschaut haben, dann mussen Sie lernen, die Tatsachen des Lebens zu akzeptieren. William akzeptierte die Tatsache, daß er nur begrenzt fähig war, schnell neue Ideen zu entwickeln und machte sich von seinen Erwartungen frei, um seine Energien auf lohnenswertere Vorhaben zu richten. Doch bevor Sie die Tatsachen akzeptieren können, müssen Sie wissen, wie sie eigentlich aussehen und wie Sie das herausfinden können.

Zwei Frauen, die einander nicht kennen, gehen eines Morgens auf verschiedenen Straßenseiten den Bordstein entlang. Die erste geht zu ihrer Hochzeit, die zweite geht zur Beerdigung ihres Mannes.

Die erste macht fast einen Freudensprung, als sie sieht, wie die Wolken in einem wirbelnden Tanz über den Himmel jagen. Sie sieht, wie eine Gruppe von Kindern ausgelassen vor einem Süßwarenladen spielt, und wie ihr kleiner Hund mit seinem Gebell freudig in die allgemeine Heiterkeit einstimmt. Sie atmet die frische kühle Morgenluft ein und ist glücklich.

Die zweite Frau trottet vor sich hin. Sie sieht, wie die fetten Wolken sich über den Himmel wälzen, und hofft, daß sie zu Hause sein wird, bevor es anfängt zu regnen. Sie sieht die Kinder vor dem Geschäft dumme Spiele spielen und schreckt bei dem Gekläff zusammen, das der junge Hund ausstößt. Sie zieht ihren Mantel fester um sich und seufzt.

Der springende Punkt ist nun der, daß beide Frauen sich zur *selben* Zeit am *selben* Ort befinden. Beiden sehen, fühlen und hören sie *dieselben* Dinge, die um sie herum vorgehen. Der Unterschied liegt in ihren verschiedenen Interpretationen dessen, was ihre Sinne ihnen übermitteln.

Was uns im Leben Probleme bereitet, sind die Interpretationen der Ereignisse, und nicht die Ereignisse selbst. Wenn wir lernen können, die Dinge so zu sehen, wie sie wirklich sind, aufgeschlossen für alles zu sein, dann besteht die Chance, daß wir unsere Interpretationen ändern können, die Chance, etwas besser zu sehen.

Gerade so, wie sich meine Tochter Sorgen machte, weil sie sich über das Zähneziehen keine Sorgen machte, lassen es nur allzu viele Menschen zu, daß sie wütend werden, nur weil sie der Ansicht sind, daß die Gesellschaft unter den gegebenen Umständen genau dieses Verhalten von ihnen erwartet.

Ich gebe Menschen, die sich selbst einreden, sie müßten sich weiter über eine schlechte Erfahrung ärgern, immer den Rat, sie sollten einmal versuchen loszulassen, indem sie sich sagen, daß sie sich, hätten sie zu der Zeit geschlafen, nicht darüber aufgeregt hätten. **Wir regen uns nicht über das auf, was passiert, sondern über das, was wir darüber denken.**

Im Laufe meiner Arbeit begegnen mir gelegentlich Menschen, die bei Autounfällen recht starke Verletzungen davongetragen hatten, doch praktisch keiner von ihnen entwickelt später Angst vor dem Autofahren. Doch häufig entwickeln gerade diejenigen, die zwar auch in den Autounfall verwickelt waren, aber nur unbedeutende oder gar keine Verletzungen davongetragen hatten, später Phobien gegen das Autofahren.

Natürlich liegt der Unterschied darin, daß diejenigen, die ihr Bewußtsein verloren hatten, sich später in der Regel an nichts mehr erinnern können. Ihre Wachposten waren zu der Zeit nicht angespannt und haben somit die Situation auch nicht als etwas gespeichert, das gefährlich ist und folglich vermieden werden sollte. Diejenigen, die sich an alles erinnern können, und die auch die Angst und die unangenehm hohe Anspannung nicht vergessen haben, haben ihre Wachposten mit der Information gefüttert, daß dies eine Situation ist, die vermieden werden sollte – daher die Phobie.

Das Leben ist neutral, weder schwarz noch weiß. Wir färben es mit den Gefühlen ein, die wir ihm entgegenbringen.

Es geschehen Dinge, und sind sie einmal geschehen, läßt sich das nicht mehr ändern. Keiner von uns kann die Vergangenheit ändern.

Dennoch richtet sich, wie wir auf den Seiten 65 bis 69 gesehen haben, unsere Erinnerung an Vergangenes nicht nach den Tatsachen, sondern nach den Gefühlen, die wir damit verbinden. Wenn wir also lernen können, die Vergangenheit mit anderen Augen, durch ein unverzerrtes Erinnerungsfenster zu betrachten, dann können wir vielleicht auch etwas an der Art und Weise ändern, welche Empfindungen wir dabei haben. Das heißt, daß wir unsere Erinnerungsfenster austauschen und an die Stelle der schlimmen Vergangenheit eine bessere setzen können.

Wie Sie Schuldgefühlen begegnen können

Es ist sinnlose Energieverschwendung, sich wegen etwas, das vorbei ist, schuldig zu fühlen. Das führt Sie nirgendwohin. Sie vergeuden damit lediglich Ihre Ruhereserven. Gegen Schuldgefühle können Sie mit ähnlichen Mitteln vorgehen wie gegen Sorgen:

1. Erkennen Sie ganz klar, weswegen Sie sich Schuldgefühle machen. Was hätten Sie Ihrer Meinung nach nicht tun, sagen oder verursachen sollen? Wenn Sie etwas verursacht haben, was Ihrer Meinung nach nicht hätte passieren dürfen, wie haben Sie das getan?
2. Schauen Sie sich den Vorfall noch einmal ganz nüchtern an. Das heißt, schreiben Sie nur die Fakten auf, ohne Ihre Interpretationen, ohne all die Gefühle.
   Nehmen wir beispielsweise einmal an, Sie haben einen teuren Pullover gewaschen, der Ihrer Mutter gehört, und er ist dabei eingelaufen. Sie fühlen sich verantwortlich. Tatsache ist, daß Ihre Mutter Sie gebeten hat, den Pullover zu waschen. Sie haben die Anleitungen auf dem Waschzettel gewissenhaft befolgt. Der Pullover ist eingelaufen. Daran können Sie nichts ändern.
3. Da Sie nun die Tatsachen vor Augen haben, was können Sie Ihrer Ansicht nach jetzt tun? Haben Sie das Gefühl, Sie müßten Ihrer

Mutter den Pullover ersetzen? Das mag vielleicht davon abhängen, wieviel der Pullover Ihrer Mutter bedeutet hat, und ob sie wirklich will, daß Sie ihn ersetzen – zumal Ihre Mutter Sie gebeten hatte, ihn zu waschen, und Sie die Anleitungen genau befolgt haben. Falls Sie jedoch wissen, daß Sie den Pullover nicht mit der gebotenen Sorgfalt gewaschen haben, dann sind Sie wahrscheinlich eher geneigt, ihn Ihrer Mutter zu ersetzen.

Ganz gleich, weswegen Sie sich Schuldgefühle machen, schauen Sie sich die Tatsachen an, und dann entscheiden Sie, ob Sie moralisch verpflichtet sind, Entschädigung zu leisten und ob Sie das in der Praxis tun können. Falls Sie etwas zerstört haben, das nicht ersetzt werden kann, müssen Sie vielleicht einen anderen Weg finden, wie Sie Entschädigung leisten können. Wenn Sie jedoch zu dem Schluß kommen, daß es nicht Ihre Schuld war und/ oder daß Sie keine Entschädigung leisten können, dann müssen Sie es einfach zu Ihrem Erfahrungsschatz dazuzählen, das Beste daraus lernen und sich anderen Dingen zuwenden.

Die meisten Menschen bleiben in ihrem Problem mittendrin stekken, geraten in eine Endlosschleife, in der sie sich schuldig fühlen, aber nicht genau wissen, warum, und daher nichts tun können. Ganz gleich, was die Quelle Ihrer Schuldgefühle oder Ihrer Sorgen ist, Sie *müssen* sich der Situation stellen, damit Sie das Ganze hinter sich lassen können.

Wie ich bereits gesagt habe, müssen Sie unterscheiden lernen zwischen dem, was Sie kontrollieren oder verändern *können*, und dem, was Sie nicht kontrollieren oder verändern können, und es daher auch gar nicht zu versuchen brauchen. Allgemein gesagt liegen die Dinge, die wir verändern können, in der Gegenwart, im Hier und Jetzt. Wir müssen versuchen, so gut wir können in der Gegenwart zu leben und sie so zu sehen, wie sie wirklich ist.

An Johns Fall, den ich auf Seite 57 geschildert habe, können Sie sehen, daß Sie nicht nur dann einen Fehler machen, wenn Sie etwas zu kontrollieren versuchen, was nicht in Ihrer Macht liegt, sondern auch dann, wenn Sie die Kontrolle nicht als das ansehen, was sie ist.

Sie erinnern sich – John litt unter Rückenschmerzen und war ständig auf der Suche nach medizinischer Hilfe, aber ohne Erfolg. Erst als er es schließlich akzeptierte, daß er den Schmerz *tatsächlich* unter Kontrolle hatte, machte er Fortschritte. Mit Selbsthypnose konnte er sich schließlich von dem Schmerz befreien. Und zwar so erfolgreich, daß ein Fachmann, der später eine körperliche Ursache seiner Rückenschmerzen diagnostizierte, darüber erstaunt war, daß John gar keine Schmerzen hatte!

Es gibt ein Wort in der deutschen Sprache, das den Versuch bezeichnet, etwas zu kontrollieren, was nicht kontrolliert werden kann. Dieses Wort lautet *sollen*.

Der Gebrauch des Wortes »sollen« impliziert, daß Sie irgend etwas gerne kontrollieren wollen, über das Sie in Wirklichkeit aber keine Kontrolle haben. Der Gebrauch des Wortes »sollen« impliziert daher, daß Sie sich, wenn auch nur in geringem Maße, frustriert fühlen.

Schauen Sie sich die folgenden Beispiele zum Gebrauch des Wortes »sollen« an. Dann denken Sie darüber nach, wie oft Sie dasselbe Wort in ähnlichen Zusammenhängen in Gedanken oder Worten verwenden. Entschließen Sie sich, das nicht mehr zu tun. Jedesmal, wenn Sie sich dabei erwischen, sagen Sie den Satz noch einmal, so daß er wirklich das ausdrückt, was Sie denken, und lassen Sie sich dabei von den folgenden Beispielen leiten.

»Er/sie sollte nicht so mit mir reden!« Aber er/sie hat es getan. Ihre Erwartungen an das Leben haben sich als falsch erwiesen, Sie sind frustriert und haben das Gefühl, ein wenig die Kontrolle verloren zu haben. Das hätten Sie vermeiden können, wenn Sie gedacht hätten »Es wäre schön, wenn er/sie nicht so mit mir sprechen würde, aber wenn sie das nicht tun, werde ich ihnen sagen/ruhig erklären, welches Verhalten erforderlich ist/werde es ihrer Angst zuschreiben/und so weiter.

Ob das Ganze zu einem befriedigenden Ergebnis führt, hängt von den jeweiligen Leuten ab und von der Art der Situation, in der sie sich befinden.

»Ich sollte endlich mit dem Streichen der Diele fertig werden!« Werden Sie aber nicht. Sie müssen sich entscheiden, ob Sie die Diele jetzt streichen wollen oder nicht. Wenn nicht, nehmen Sie es hin und haben Sie Spaß an den Dingen, die Sie statt dessen tun wollen. Falls nötig, können Sie sich gedanklich einen Zeitpunkt setzen, bis zu dem Sie die Diele streichen wollen – und sich daran halten.

Oftmals tun Menschen etwas anderes anstelle von dem, was sie tun sollten, verderben sich dann aber die Freude daran, weil sie sich schuldig fühlen wegen der Dinge, die sie nicht tun. Auf diese Weise leiden sie zweifach. Zum einen, weil sie das, was sie tun sollten, nicht geregelt bekommen, und zum andern, weil sie aufgrund der Schuldgefühle, das, was sie dann tatsächlich getan haben, nicht genießen konnten.

Treffen Sie eine klare Entscheidung, und halten Sie dann daran fest. Richten Sie auf das, wofür Sie sich entschieden haben, Ihre uneingeschränkte Aufmerksamkeit.

—— *Besorgtheit und Handeln*

Das führt uns zur Besorgtheit und wie wir damit aufhören können. Wenn Sie sich um etwas Sorgen machen, müssen Sie sich zunächst fragen, was genau Sie quält – am besten, Sie schreiben es auf. Bevor Sie nicht erkannt haben, worum Sie sich Sorgen machen, können Sie nichts tun. Wenn Sie erst einmal wissen, worum Sie sich sorgen, fragen Sie sich, ob Sie überhaupt etwas zur Lösung des Problems tun können. Um Marys Fall als Beispiel zu nehmen, so sagte sie, sie mache sich Sorgen um die Ehe ihrer Tochter und frage sich, ob sie nicht vielleicht in die Brüche zu gehen drohe.

Marys nächster Schritt müßte darin bestehen, sich zu fragen, ob sie etwas tun kann, um das zu verhindern. Vielleicht liegt das Problem ja darin, daß das Paar wegen der Kinder nie genug Zeit hat, miteinander zu reden. Mary könnte ihnen in diesem Fall das Angebot machen, sich um ihre Enkelkinder zu kümmern, sie vielleicht ab und zu bei sich übernachten lassen. In diesem Falle hätte sie bereits den nächsten Schritt zur Lösung ihrer Sorgen getan – sie hätte gehandelt. Sie könnte mit ihrer Tochter vereinbaren, daß die Enkelkinder bei ihr übernachten können.

Nehmen wir jetzt aber einmal an, die Ehe von Marys Tochter scheitere an Gründen, die ausschließlich das Paar selbst betreffen. Selbst wenn Marys Tochter ihre Mutter um Hilfe und Ratschlag bitten würde, müßte Mary sich mit der Tatsache abfinden, daß es sich hier um eine Sorge handelt, bei der sie wenig tun kann. Sie müßte dann ihre Aufmerksamkeit anderen Dingen zuwenden. Unter diesen Umständen wäre es völlig sinnlos, sich Sorgen zu machen. Es würde lediglich Marys Ruhereserven aufbrauchen, so daß sie, wenn ihre Tochter plötzlich Hilfe nötig haben würde, vielleicht gar nicht in der Lage wäre, ihr Bestes zu geben.

Das ist der Grund, warum Sorgen überflüssig sind. Finden Sie heraus, was Ihnen Sorge macht, und entscheiden Sie dann, ob Sie etwas tun können oder nicht. Besorgtheit ist das Stadium der Unentschiedenheit: das Stadium, in dem etwas bei Ihnen für eine unangenehm hohe Anspannung sorgt, Sie sich aber nicht sicher sind, um was es sich eigentlich handelt. Nur allzu oft können sich Sorgen, ebenso wie Schuldgefühle, nur deshalb einnisten, weil die betreffende Person einfach nicht innehält, um herauszufinden, worum es sich eigentlich handelt. Die Hauptschwierigkeit dieses Stadiums besteht darin, daß Sie steckenbleiben, weil Sie sich über etwas ärgern, aber nicht genau wissen, worüber eigentlich, so daß Sie lediglich Ihre Ruhereserven aufbrauchen.

Ein sehr häufiger Anlaß zur Sorge ist die Frage, ob Sie eine Prüfung bestehen werden oder nicht. Falls Sie die Prüfung noch nicht abgelegt haben, müssen Sie Ihre ganze Energie darauf richten, Tag um Tag effektiv zu lernen. Wenn Sie in diesem Stadium Ihren Blick zu weit in die Zukunft richten, kann Sie das geistig lähmen. Falls Sie die Prüfung bereits abgelegt haben und wirklich überzeugt sind, daß Sie durchgefallen sind, ist es besser, wenn Sie, statt darüber nachzugrübeln, bis die Prüfungsergebnisse bekanntgegeben werden, definitive Schritte unternehmen und sich überlegen, was Sie realistischerweise tun können, falls Sie durchgefallen sind.

In der Gegenwart leben

In diesem Kapitel haben wir uns bislang auf die Erkenntnis dessen konzentriert, was man nicht tun sollte. Wie man sich davor hüten kann, sich von verzerrten Gefühlen über die Vergangenheit in die Irre führen zu lassen. Wie man sich vor Sorgen und Schuldgefühlen in acht nimmt. Wie man den Versuch aufgibt, etwas zu kontrollieren, was man nicht kontrollieren kann.

Nun werden wir das Ganze etwas positiver angehen und darauf schauen, was für ein Leben Sie sich als Ziel setzen müssen, um die Wahrscheinlichkeit zu verringern, daß Sie dem Streß zum Opfer fallen, aber auch, um das Leben mehr zu genießen. Und die beste Nachricht von allen ist:

**Es ist nicht schmerzvoll. Es ist nicht mühsam.
Sie müssen es einfach nur tun!**

Was müssen Sie tun? Die erste Aufgabe lautet:

In der Gegenwart leben.

In der Gegenwart leben heißt nicht, daß Sie in Ihrer Kleidung, Ihren Ideen, Ihrer Lebensart modern sein müssen. Es bedeutet, daß Sie sich des Hier und Jetzt bewußt sind. Ich werde Ihnen am Fall von Julian verdeutlichen, was ich damit meine.

Julian war Mitte Dreißig, verheiratet und hatte zwei Kinder. Er war ausgebildeter Physiker und wurde über einen längeren Zeitraum hinweg für ein Weiterbildungsstudium freigestellt. Nachdem er seinen Abschluß gemacht hatte, arbeitete er als Industrie-Ingenieur und wandte seine Kenntnisse auf die dortigen Methoden an. Schließlich wurde er zum Leiter seiner Produktionsabteilung ernannt.

Obwohl seine Arbeit ihm Spaß machte, klagte er oft über Angststörungen. Wenn er nicht arbeitete, wurde er sehr unruhig. Er ging gewöhnlich früh ins Büro und kam spät nach Hause. Das hätte er nicht tun müssen. Er sagte, er würde das tun, denn wenn er nicht arbeitete, müsse er trotzdem an die Arbeit denken und sich darüber Gedanken machen, was er am nächsten Tag tun müsse und so weiter. Er konnte es nie genießen, wenn er mit der Familie in Urlaub fuhr, weil er sich dann in der Regel die meiste Zeit über ängstlich fühlte.

Als ich Julian kennenlernte, war es sehr offensichtlich, daß er nicht für die Gegenwart lebte. Er strengte sich an, etwas in einer bestimmten Zeitspanne zu erledigen, und schon bevor es getan war, dachte er darüber nach, wie er die nächste Aufgabe bewältigen würde.

Wenn er am Urlaubsort ankam, machte er sich sofort darüber Gedanken, was die Familie am nächsten Tag unternehmen könnte. Sogar seine Mahlzeiten schlang er hastig herunter, weil ihm ständig im Kopf herumging, was er als nächstes tun mußte.

Dieser Verhaltenstypus ist häufig anzutreffen – nur allzu häufig. Viel zu viele Menschen sind sich selbst ständig einen Schritt voraus. Es liegt in der Natur der Sache, daß diese Menschen nie die Befriedigung genießen können, etwas gut gemacht zu haben, weil ihre Gedanken zu dem Zeitpunkt, an dem sie etwas tatsächlich zu Ende gebracht haben, sich schon längst wieder mit etwas beschäftigen, das noch vor ihnen liegt. Ein solches Verhalten führt zu dem Gefühl, ständig vom Leben getrieben zu werden, statt zu dem Gefühl, daß *sie selbst* hierbei die treibende Kraft sind. Auch hier kann sie das Gefühl beschleichen, daß sie die Kontrolle verlieren, und das kann übermäßigen Streß und übermäßige Angst verursachen.

Sie haben sicher schon Leute, die dem Tod um ein Haar entronnen sind, sagen hören, daß sie daraus zumindest gelernt hätten, was für einen Wert das Leben hat. Menschen, die an unheilbaren Krankheiten leiden, sagen, sie würden immer nur von einem Tag zum nächsten leben, und sie scheinen damit zufrieden zu sein.

Hierin liegt ein Paradox, daß wir nämlich, um das Gefühl zu haben, wir hätten unser Leben unter Kontrolle, Routine brauchen, Zeitpläne, in denen wir festlegen, was wir tun müssen, damit der Wachposten beruhigt ist. Das nimmt uns die unangenehm hohe Anspannung, die entsteht, wenn wir nicht wissen, wohin wir gehen und was wir tun sollen. Doch solche Zeitpläne sind endlich – das heißt, sie haben ein Ende. Sie wissen, was Sie jeden Tag tun müssen, und wenn Sie es getan haben, können Sie sich zurücklehnen und tun, was immer Sie wollen. Julians Lebensstil ließ das niemals zu. Sein Zeitplan war endlos – und so auch der Streß, den er sich machte.

Erinnern Sie sich an Linda, die Frau von Seite 56, die ängstlich wurde, nachdem sie ihre Arbeit aufgegeben hatte, um ihr Kind großzuziehen?

Linda hatte einen sehr strukturierten Lebensstil aufgegeben, bei dem sie eine bestimmte Routine einhalten mußte, um auf der Arbeit und zu Hause alles erledigt zu bekommen. Plötzlich befand sie sich in der Situation, daß sie ihr Leben an den wechselnden Bedürfnissen ihres Babys ausrichten mußte, und hatte zu unerwarteten Augenblicken große Mengen an »Freizeit«. Sie wurde ängstlich, weil alles anders war, weil ihr Wachposten nie wußte, was er als nächstes zu erwarten hatte.

Linda löste ihr Problem, indem sie sich eine recht flexible Routine schuf, um eine gewisse Form und ein gewisses Maß an Vorhersagbarkeit in ihren Tagesablauf zu bringen, und daran festhielt. Sie beruhigte ihren Wachposten, und nachdem sie sich ruhiger fühlte und mehr ein Gefühl der Kontrolle bekam, konnte sie die Routine durchbrechen, wenn ihr daran gelegen war.

Das Geheimnis, sein Leben im Hier und Jetzt zu leben, liegt darin, daß Sie an allem, was Sie gerade tun, *Freude haben*. Es ist wichtig, daß Sie tatsächlich Dinge zu sich selbst sagen wie etwa »Ah! Ist das schön!« Wenn Sie also bestimmte Dinge tun müssen, versuchen Sie, sie so zu sehen, daß Sie sich dabei gut fühlen können. Dazu ein Beispiel: Eine Freundin von mir macht jede Woche für eine kleine Firma die Lohnabrechnung. Sie sagt, daß sie diese Arbeit haßt. Ich sage ihr, daß ihre Haltung die Dinge nur schlimmer macht.

Wenn Sie etwas tun *müssen*, dann können Sie diese Tatsache ja genausogut einfach akzeptieren und es vielleicht sogar *genießen*.

Ich sagte meiner Freundin, sie müsse einen Weg finden, wie die Aufgabe ihr Spaß machen könnte. Sie könnte eine Liste aller Lohntüten aufstellen und sich immer, wenn sie eine abgehakt hatte, mit einem Toffee belohnen. Sie könnte auch während der Arbeit ihre Lieblingsmusik hören. Auf keinen Fall jedoch dürfe sie die Arbeit aufschieben, denn dann würde sie wie eine schwere Gewitterwolken über allem schweben, was sie tue.

Es ist besser, sich im voraus eine Zeit festzusetzen, innerhalb derer Sie die Aufgabe erledigen wollen, und sich dann auch daran zu halten. Wenn die Aufgabe unüberwindbar groß ist, teilen Sie sie in kleinere Einheiten ein, und haben Sie Gefallen daran, sie eine nach der anderen zu erledigen.

Jeder von uns muß seine eigene Art finden, wie er so gut wie alles akzeptieren und vielleicht daran Vergnügen haben kann. Ich sage vielleicht, denn es gibt Aufgaben, an denen man auf keinen Fall Gefallen finden kann, aber sie müssen akzeptiert werden. Früher haßte ich Geschirrspülen, bis ich schließlich akzeptierte, das es getan werden mußte. Schließlich dachte ich mir ein effektives System aus, um mich dazu zu zwingen, und heute macht mir Geschirrspülen großen Spaß.

Um ein anderes Beispiel zu nennen: Stellen Sie sich vor, Sie würden nicht gerne in den Supermarkt gehen. Richten Sie Ihre Aufmerksamkeit auf positive Dinge, statt die ganze Zeit zu denken, wie sehr Sie es hassen, den Einkaufswagen herumzuschieben. Es gibt viele Tricks, mit denen man das Einkaufen im Supermarkt unterhaltsamer gestalten kann, und es fallen Ihnen bestimmt noch andere ein. Sie können zum Beispiel spaßeshalber versuchen, die Waren im Wagen so ordentlich wie möglich zu stapeln oder mit großem Genuß die einzelnen Posten aus Ihrer Einkaufsliste streichen, Sie können sich für später mit einem Freund oder einer Freundin im Café verabreden und damit das Einkaufen als Gelegenheit zum Plaudern nutzen. Falls Sie sich ärgern, daß es Sie so viel Zeit kostet, gehen Sie dann einkaufen, wenn Sie normalerweise nichts tun würden. Zum Beispiel geht meine Tochter einmal die Woche abends von 6 bis 7 Uhr in den Ballettunterricht. Ich muß sie hinfahren und danach wieder abholen. Wenn ich nach Hause fahren würde, müßte ich gleich wieder los, also gehe ich statt dessen in den Supermarkt. So bleibt mit gerade genug Zeit, schnell meine Einkäufe zu machen, bevor ich sie wieder abhole.

Wenn ich schnell fertig werde, kaufe ich mir manchmal noch eine Zeitschrift, die ich dann beim Warten im Auto lese. Meistens höre ich mir einfach nur mein Lieblingsprogramm im Radio an. Wenn ich im Auto warte und Radio höre, ist das eine der wenigen Gelegenheiten, bei denen ich wirklich zuhöre – und mich daran freue.

Ein anderer Ort, an dem Spaß zu haben ich mir antrainiert habe – und das finden manche Leute fürchterlich an mir – ist der Zahnarztstuhl. Im Laufe meines Lebens hat sich bei mir eine hübsche Kollektion von Füllungen angesammelt, und ich habe vor langer Zeit entschieden, daß es keinen Grund gibt, sich vor dem Zahnarzt zu fürchten. Ich suchte mir einen Zahnarzt, mit dem ich gut zurechtkam und gestattete mir, meine Gedanken während der Behandlung zu angenehmen Orten abschweifen zu lassen. (Mehr über diese Technik finden Sie im nächsten Kapitel.) Folglich ist mein mit Zahnarztbesuchen verbundenes Erinnerungsfenster ein angenehmes, und der Gedanke daran hat nichts Bedrohliches.

All die kleinen Freuden, die Sie sich über Tage und Wochen hinweg gönnen, summieren sich zu einem hohen Prozentsatz totaler, allumfassender Freude. Die Herausforderung, die das Leben an Sie stellt, liegt darin, es in so vielen Bereichen wie möglich positiv zu gestalten und die Gewohnheit zu entwickeln, alles zu Ihrem Vorteil zu wenden. Aber nicht, das will ich gleich hinzufügen, auf Kosten der anderen.

Wenn Sie zum Beispiel ins Krankenhaus müssen, hat es überhaupt keinen Zweck, dort zu liegen und an all die Dinge zu denken, die Sie tun könnten, wenn Sie nicht dort wären. Wenn Sie hin müssen, akzeptieren Sie es und machen Sie das Beste daraus. Erfreuen Sie sich an den guten Seiten – an der Freiheit, dazuliegen und Romane zu lesen, einfach im Bett zu liegen und die Mahlzeiten gebracht zu bekommen usw.

Machen Sie es nicht so wie die meisten Menschen, daß Sie im Bett liegen und sich ständig die negativen Aspekte aufzählen, denn dann werden Sie sich genau so fühlen, wie Sie es verdienen – miserabel.

Es gibt zwei Arten von Menschen auf dieser Welt. Jene, die sich jeden Morgen beim Aufwachen sagen: »Oje, was wird das Leben mir wohl heute wieder zwischen die Füße werfen!«

Dann gibt es noch jene, die beim Aufwachen denken: »Guten Morgen, Leben. Was kann ich wohl aus dem heutigen Tag herausholen?«

Aber mittlerweile wissen Sie, wer Sie in Zukunft sein wollen, nicht wahr?

Je mehr Sie alles, was Ihnen widerfährt, akzeptieren und zu Ihrem Vorteil wenden, desto ruhiger werden Sie. Wir alle brauchen irgendwelche Ziele, vor allem langfristige Ziele, aber wir müssen uns auf sie zu bewegen, anstatt von ihnen getrieben zu werden. Und wir brauchen realistische Ziele. Wir müssen alle unsere eigenen Fähigkeiten erkennen und unser Leben nicht mit dem Versuch vergeuden, auf Kosten des Vergnügens das Unmögliche zu erreichen. Nur wenn Ihnen das Wünschen wirklich Spaß macht, machen Sie weiter. Es ist nur dann schädlich, wenn es Sie frustriert.

Kürzlich stieß ich auf eine Geschichte des Zen-Buddhismus, in der auf perfekte Weise die Technik demonstriert wird, wie Sie das Beste aus Ihrem Leben machen können, ganz gleich, was es für Sie bereithält.

Ein Mann ging eines Tages entlang der Klippen spazieren. Er genoß das Gehen, die Wärme der Sonne und die frische Luft. Nach einer Weile schaute er sich um und sah zu seinem großen Entsetzen einen Tiger. Die Tiger ging ein Stück weit hinter ihm in seiner Richtung. Der Mann fing an, sich unwohl zu fühlen und beschleunigte seine Schritte. Als er einen kurzen Blick hinter sich warf, sah er, daß der Tiger ein Gleiches tat und nun schon ein Stück näher gekommen war. Der Mann ging noch schneller. So auch der Tiger. Der Mann fing an zu laufen. So auch der Tiger. Er kam nun mit jedem Satz näher. Der Mann rannte, so schnell er konnte, und stand plötzlich am Rande eines Abgrunds. Er konnte nirgendwohin rennen, und der Tiger kam näher und näher.

Der Mann schaute sich hastig um, und sein Blick fiel auf eine Kletterpflanze, die den Felsen hinunterwuchs. Mit einem Seufzer der Erleichterung fing er an hinabzuklettern. Etwa auf halbem Wege machte er kurz halt und sah nach oben. Dort stand der Tiger und starrte in die Tiefe. Erleichtert blickte der Mann nach unten. Am Fuße des Felsens stand ein zweiter Tiger und leckte sich die Lippen. Der Mann warf wieder einen kurzen Blick nach oben und sah, wie der erste Tiger gleichmütig die Kletterpflanze zernagte. Da war er nun – gefangen. Sein Schicksal war gewiß und würde ihn schon bald ereilen. Beim Warten wanderte der Blick des Mannes seitlich den Felsen entlang. Nur wenige Fuß von ihm entfernt bemerkte er eine wilde Erdbeerpflanze, deren zähe Wurzeln sich in einem Felsspalt an einen kleinen Flecken Erde klammerten. Die Pflanze trug eine große, rote, saftige Erdbeere. Der Mann streckte seine rechte Hand aus, pflückte die Erdbeere und ließ sie sich schmecken!

Ich bitte die Leute immer eindringlich, sich an die Erdbeere zu erinnern, wann immer sie sich in einer ausweglosen Situation zu befinden scheinen, aus der es kein Entrinnen gibt. Akzeptieren Sie, wo Sie sind, und schauen Sie zur Seite. Sie wissen nie, was kommen könnte. Zu viele von uns würden diesen letzten Augenblick, den der Mann an der Kletterpflanze genießt, verschwenden, weil wir dazu neigen, nach der Lösung eines Problems in der Richtung zu suchen, aus der es aufgetaucht ist. Die Lösung für das Unmögliche besteht darin, es zu akzeptieren, und zur Seite zu schauen.

Wenn Sie etwas tun müssen, können Sie es genausogut auch genießen.

Es gibt Dinge, die Sie tun *wollen*.
Es gibt Dinge, die Sie tun *müssen*.
Aber es gibt keine Dinge, die Sie tun *sollen*!

An diesem Punkt werden wir zu Pechmarie und ihrem Tagebuch zurückkehren – und zu dem Ihren.

Schauen Sie sich an, was Sie geschrieben haben. Wie oft haben Sie die Ereignisse mit einem negativen Blick betrachtet? Wie oft haben Sie die Umstände, das Schicksal oder andere Leute für das verantwortlich gemacht, was Ihnen widerfahren ist?

Schauen Sie sich an, was Pechmarie am Freitag, den 13. in ihr Tagebuch schrieb. Als erstes sieht sie die Ereignisse des Tages durch ein Erinnerungsfenster, das sie allein aufgrund des Datums Unglück erwarten läßt. Daher wird sie bei allen Dingen die schlechte Seite sehen und dazu neigen, die Umstände für etwas verantwortlich zu machen, was sie selbst hätte vermeiden können.

Wir wollen ihr Tagebuch in einer neutralen Weise umschreiben – nichts als die Fakten.

1. Sie hatte verschlafen.
2. Auf dem Weg zur Arbeit wurde ihr ein Reifen zerstochen, weil sie so ungeduldig war.
3. Als sie den Wagenheber aus dem Kofferraum holen wollte, zerriß sie sich die Strümpfe. Sie ließ den Wagen stehen und nahm den Bus, kam aber zu spät zur Arbeit.
4. Sie rief die Werkstatt an, und man brachte ihr den Wagen ins Büro – zusammen mit der Rechnung.
5. In der Kantine gab es kein Curryragout.
6. Als sie nach Hause kam und gleich ein Bad nehmen wollte, gab es kein heißes Wasser.

Das sind die Fakten. Wir wollen sie nun durch ein positiveres Erinnerungsfenster betrachten.

Marie hatte verschlafen. Das bedeutete, daß sie wenigstens etwas von dem Schlaf nachgeholt hatte, um den sie sich in letzter Zeit gebracht hatte. Nachdem sie aufgewacht war, hätte sie, bevor sie aus dem Haus ging, einfach nur so wenig Zeit wie möglich auf Haushaltsdinge verschwenden müssen, dann wäre sie auch nicht zu spät zur Arbeit gekommen.

Auf dem Weg zur Arbeit blieb sie mit dem Wagen im Verkehr stecken. Das bedeutete, daß sie jetzt ein bißchen länger als sonst hätte Radio hören können. Wenn sie die Situation ruhig hingenommen und das Beste daraus gemacht hätte, wäre ihr Reifen nicht zerstochen worden. Am Ende kam sie so oder so zu spät – und hatte noch die Rechnung zu bezahlen!

Aufgrund der Tatsache, daß es zu Mittag kein Curryragout gab, hatte Marie Gelegenheit, statt dessen die Lasagne zu probieren. Sie wollte sie schon oft einmal probieren, hatte dann aber stets auf ihr Curryragout nicht verzichten wollen.

Als sie zu Hause ankam, hatte Marie, weil das Wasser nicht heiß war, Gelegenheit, ein paar der Haushaltsdinge zu erledigen, zu denen sie am Morgen nicht gekommen war.

Dritte Übung in positivem Leben

Schauen Sie sich Ihr eigenes Tagebuch an – jenes, das zu führen ich Ihnen zu Beginn geraten hatte. Schauen Sie es in genau der Weise an, in der wir gerade Maries Tagebuch noch einmal unter die Lupe genommen haben.

Schreiben Sie noch einmal nur die Fakten auf und machen Sie dann den Versuch, sie durch ein positives Erinnerungsfenster zu sehen. Sehen Sie sich noch einmal Ihre Antworten auf die Fragen des vierten Verständnistests (S. 64) an. Sehen Sie die Sorgen jetzt in einem anderen Licht? Wenn nicht, sollten Sie das Kapitel vielleicht noch einmal lesen.

Machen Sie sich eine Liste all der Dinge, von denen Sie denken, daß Sie sie tun *sollten*. Sind das wirklich Dinge, die Sie tun *wollen* oder *müssen*, oder keins von beidem?

Das Leben ist neutral. Ihre eigenen Gedanken sind es, die ihm Farbe geben!

≡   Denkarten: Techniken

Ebenso wie es verschiedene Körpertechniken gibt, die Sie ausprobieren und mit denen Sie lernen können, Ihren Körper ruhig werden zu lassen, gibt es auch geistige Techniken, mit denen Sie Ihrem Geist beibringen können, für Sie statt gegen Sie zu arbeiten.

Bei den meisten dieser Techniken gilt es, die Einbildungskraft zu nutzen. Dazu werden Bilder benutzt, die Sie willentlich im Geiste vor sich aufsteigen lassen. Die meisten Menschen denken in Bildern und erinnern sich in Bildern. Wir träumen in Bildern. Falls Sie je gelernt haben, effektiv zu lernen, wissen Sie, daß man sich mit Tabellen und Diagrammen Dinge effektiver merken kann als nur mit Worten.

Viele Techniken des Gedächtnistrainings benutzen Bilder. Hier als Beispiel eine Technik, mittels derer man sich lange Zahlenreihen merken kann, indem man jede Zahl von 1 bis 0 mit einem Bild assoziiert.

So steht zum Beispiel 1 für Brötchen, 2 für Schuh, 3 für Baum, 4 für Tür usw. Das müssen Sie sich gut merken. Wenn Sie sich jetzt mühelos eine Zahl merken wollen, sagen wir 3424213, müssen Sie lediglich jedes Bild nacheinander visualisieren und dabei zwischen den Bildern eine Verbindung herstellen. Je grotesker die Assoziation, desto besser können Sie sich die Bilderfolge merken. So würden Sie etwa bei 3424213 mit einem Baum (3) beginnen und in dem Baum wäre eine Tür (4). An der Rückseite der Tür würde ein Schuh (2) hängen. Sie nehmen den Schuh und gehen durch eine weitere Tür (4), wo Sie einen weiteren Schuh (2) finden, der dem ersten nicht ähnlich sieht. Sie ziehen den Schuh an und treten in ein Brötchen (1), das Sie an einem Baumstumpf (3) abstreifen.

Das ist nur ein sehr einfaches Beispiel dieser Gedächtnistechnik. Es gibt zu diesem Thema viele hervorragende Bücher, falls jemand daran interessiert sein sollte, die Dinge weiter zu verfolgen. Wenn Sie sich jedoch die Bilder beim Lesen vorgestellt haben, sollten Sie in der Lage sein, die Zahlen nach kurzem Nachdenken niederzuschreiben. Das ist die Kraft der Bilder, wenn Sie sie zu Ihrem Vorteil nutzen.

Die erste spezifische Technik, die ich Ihnen beschreiben möchte, lautet:

== Positives Denken

Betrachten Sie dies als Spiel. Schauen Sie einfach einmal, wie oft Sie sich dabei ertappen, daß Sie die Dinge eher negativ als positiv interpretieren. Denken Sie daran, das Leben ist neutral. Erst Ihre Interpretation des Lebens bestimmt, wie Sie dazu stehen und welche Erinnerungen Sie haben.

Ich kannte einmal eine Frau namens Margaret, die die Kunst des negativen Denkens bis zur Perfektion getrieben hatte. Sie konnte in jeder Situation das Schlimmste sehen. Sie schilderte mir den Ablauf einer königlichen Hochzeit mit den Worten eines armen kleinen Hundes in der Menge, auf dem die Leute herumgetrampelt sind! Ich brauche nicht zu sagen, daß sie auch sonst eine sehr unglückliche Person war.

Die sonnige Seite des Lebens zu sehen kostet nichts und tut niemandem weh – und es bedeutet nicht, das Schicksal herauszufordern. Positives Denken hat nichts mit Aberglauben zu tun.

== Gedanken abstellen

Diese Technik wird angewandt, wenn Sie die schlechte Angewohnheit entwickelt haben, sich mit unerwünschten Gedanken herumzuquälen. Zwanghafte Gedanken oder Gedanken an Untergang und Scheitern fallen unter diese Kategorie. Das Ganze sieht so aus: Wann immer Sie merken, daß Sie solche Gedanken hegen, denken Sie sofort: STOP. Während Sie das denken, lassen Sie das Wort vor Ihrem geistigen Auge aufblitzen, in häßlichen Buchstaben und Warnfarben.

Um das Ganze noch wirkungsvoller zu machen, können Sie sich das Wort auf einen riesigen Ballon geschrieben vorstellen, der mit einem lauten Knall zerplatzt, während Sie das Wort lesen. Es ist Zweck dieser Übung, daß Sie sich von Ihrem Gedankengang ablenken, damit Sie Ihre Gedanken wieder in eine positivere Richtung lenken können.

Sie können diese Technik bei allen Arten von Gedanken anwenden. Wenn Sie beispielsweise in einem Stau feststecken und merken, daß Sie bei dem Gedanken unruhig werden, Sie könnten zu einer wichtigen Verabredung zu spät kommen, stellen Sie die Gedanken ab, fegen Ihren Kopf davon frei und ersetzen sie durch positivere Gedanken – entspannende Gedanken, oder arbeiten Sie für irgendetwas einen Aktionsplan aus usw. Denn wenn Sie im Stau feststecken, ist es letztlich in jedem Fall völlig zwecklos, sich darüber aufzuregen, daß Sie zu spät kommen werden. Das untersteht nicht Ihrer Kontrolle, also ist es besser, Sie akzeptieren die Situation. Doch Ihre Gedanken unterstehen sehr wohl Ihrer Kontrolle, also sollten Sie dafür sorgen, daß sie etwas Nützliches tun.

Nach dem Bild von dem zerplatzenden Ballon könnten Sie sich einen riesigen Besen vorstellen, der das Wort Ungeduld wegfegt, als Symbol dafür, daß Sie Ihren Geist reinigen.

Es ist oft von Vorteil, die (weiter unten geschilderte) »Ruhige Szene«-Technik in Verbindung mit dem Gedankenabstellen anzuwenden.

Ruhige Szene

Lassen Sie vor Ihrem geistigen Auge den perfekten Ort entstehen. Den ruhigsten, friedlichsten Ort, an dem Sie je gewesen sind oder gerne sein würden. Sie könnten sich zum Beispiel vorstellen, wie Sie in der Abenddämmerung windumtoste Klippen entlanggehen oder wie Sie über eine sommerliche Wiese spazieren, wie Sie in einem herrlichen Garten auf einer Schaukel sitzen, an einem tropischen Strand liegen oder in einer Hängematte . . . Den Möglichkeiten sind keine Grenzen gesetzt, und jeder Mensch hat seinen eigenen idealen Ort.

In meiner eigenen ruhigen Szene sitze ich an einem warmen Sommermorgen in einem wundervollen Garten an einem Fluß in einer dieser herrlichen gepolsterten Gartenschaukeln. Ich spüre das sanfte Wiegen der Schaukel, die Wärme der Sonne auf meiner Haut, hin und wieder streicht mir eine leichte Brise über die Wangen, läßt mein Haar flattern und bringt mir etwas Kühlung. Ich höre die Vögel zwitschern und die Luft ist erfüllt vom Duft der Blumen. Ich höre den Fluß sanft vor sich hin plätschern . . .

Ich habe mir diese Szene schon so oft vorgestellt, daß ich das Bild jederzeit vor meinem inneren Auge heraufbeschwören kann. Ich rufe es mir für einen Augenblick ins Gedächtnis, wenn ich spüre, daß in mir eine unangenehm starke Anspannung hochkommt, gleich nachdem ich bestimmte Gedanken abgestellt habe. Zu anderen Gelegenheiten, wenn ich zum Beispiel im Zahnarztstuhl sitze, beschwöre ich das Bild herauf, lasse meinen Körper gleichzeitig ganz schwer und entspannt werden und schwelge darin.

Am Anfang ist es gar nicht so leicht. Sie müssen diese Technik oft während der Entspannungsübungen anwenden, bis das Ganze schließlich so automatisch wird, daß es in Streßzeiten Ihren Wachposten beruhigt. Ich schlage vor, Sie üben es anfangs, wenn Sie nachts im Bett liegen, oder wenn Sie nichts anderes zu tun haben, zum Beispiel, wenn Sie mit dem Bus zur Arbeit fahren.

Selbsthypnose

Wenn Sie erst einmal gelernt haben, wie Sie Ihren Körper entspannen und eine ruhige Szene heraufbeschwören können, können Sie anfangen, vor Ihrem geistigen Auge alle Arten von Bildern aufblitzen zu lassen, um Ihre Willenskraft zu stärken. Das ist letztlich eine Form der Selbsthypnose.

Hypnose ist kein Hokuspokus und hat nichts Mysteriöses. Es ist lediglich ein Geisteszustand, in dem Sie in der Lage sind, größere Kontrolle über Ihre eigenen Wünsche und Gefühle zu erlangen, als Sie das normalerweise können. In vielerlei Hinsicht ist Hypnose ein Zustand, in dem der Wille des Wachpostens, Sie in Anspannung zu versetzen, fast gelähmt werden kann. Ich sage »fast«, denn Sie werden auch im Zustand der Selbsthypnose noch auf eine reale, lebensbedrohliche Gefahr reagieren.

Der Zustand hypnotischer Suggestibilität ist erreicht, wenn Ihr Verstand bereit ist, alles, was Sie ihm sagen, zu akzeptieren.

Ihr Verstand spaltet sich auf in das Bewußte und das Unbewußte. Wenn Sie bei Bewußtsein sind, gehen alle Dinge, die von Ihren Sinnen – den Augen, den Ohren, dem Tastsinn, der Nase und den Geschmacksknospen – wahrgenommen werden, durch Ihren bewußten Verstand und werden dort dahingehend beurteilt, ob auf sie reagiert werden soll. Alles, was Ihrem bewußten Verstand unglaubwürdig oder unmöglich erscheint, wird dann aussortiert.

Stellen Sie sich zum Beispiel vor, Sie werfen einen kurzen Blick aus dem Fenster und sehen einen rosa Elefanten. Sie würden sich jetzt nicht einfach sagen: »Aha, da draußen ist ein rosa Elefant« und dann mit dem weitermachen, womit Sie gerade beschäftigt waren, oder? Sie würden sich die Augen reiben und noch einmal hinschauen, um zu prüfen, ob Sie vielleicht schon Gespenster sehen. Wäre der Elefant immer noch da, würden Sie aufstehen, um zu schauen, ob es sich um eine Art Scherz handelt, oder ob gerade ein Zirkus vorbeizieht . . . Sie müßten eine logische Erklärung für den rosa Elefanten finden oder wirklich zu dem Schluß kommen, daß Sie Gespenster sehen.

In der gleichen Weise werden viele Vorschläge, die wir uns selbst machen, niemals aufgegriffen, weil unser bewußter Verstand sie unverzüglich verwirft. Wenn ich Ihnen zum Beispiel sage, daß Sie sich sofort, nachdem Sie das Buch gelesen haben, keine Sorgen mehr machen werden, werden Sie sich sagen, daß das zu schön ist, um wahr zu sein und den Gedanken verwerfen.

Wenn derselbe Vorschlag jetzt Ihr Unterbewußtsein erreichen könnte, ohne erst den Spießrutenlauf durch Ihr Bewußtsein überstehen zu müssen, würde er als eine reale Möglichkeit akzeptiert werden und Sie würden anfangen, entsprechend zu handeln.

Genau das passiert unter Hypnose. Sie schaltet Ihr Bewußtsein aus, so daß die Botschaften ungehindert bis zu Ihrem Unterbewußtsein vordringen können. Das Bewußtsein wird durch Entspannung ausgeschaltet. Um sich entspannen zu können, müssen Sie alles akzeptieren, ohne es in Frage zu stellen. Es ist daher leichter, es zunächst mit einer Cassette zu üben. Wenn Sie überhaupt nicht mehr denken, sondern nur noch den Anweisungen zu folgen brauchen, wird es Ihnen leichter fallen, sich in eine Stimmung zu versetzen, in der Sie alles akzeptieren können.

Wenn Sie erst einmal gelernt haben, wie man das macht, können Sie zu Ihrer ruhigen Szene abdriften und sich mit allen möglichen Gedanken füttern, um schließlich das zu tun, was Sie eigentlich tun wollen, und die Person sein, die Sie eigentlich gerne wären. Der Wandel erfolgt nicht über Nacht. Aber allmählich stellt er sich ein und ist es der Mühe wert, ein wenig zu warten. Geduld ist hierbei sehr wichtig.

Sind Sie erst einmal in der Lage, sich selbst in diesen ruhigen, tranceartigen Zustand zu versetzen, können Sie alle möglichen Bilder verwenden. Hier nun einige, die ich sehr nützlich finde.

Vorab dies: Wenn Sie Gedanken haben, die nicht weggehen wollen, stellen Sie sich vor, wie Sie jeden einzelnen auf eine große Tafel schreiben. Nachdem Sie das getan haben, lesen Sie sie noch ein letztes Mal, dann nehmen Sie den Schwamm und wischen sie endgültig weg.

Eine andere Art, wie Sie mit unerwünschten Gedanken verfahren können, ist folgende: Sie schreiben jeden einzelnen auf ein Stück Papier, werfen die Papierfetzen in einen Fluß und schauen dabei zu, wie sie mit der Strömung davonschwimmen. Eine Variante davon ist, Kieselsteine, von denen jeder einen unerwünschten Gedanken trägt, ins Wasser zu werfen.

Wie bei allem anderen auch ist es Ihre Entscheidung, welche Bilder Sie benutzen wollen. Wenn sie bei Ihnen funktionieren, sind sie in Ordnung.

Ebenso, wie Sie sich von unerwünschten Gedanken und Gewohnheiten befreien können, können Sie auch Ihre Entschlossenheit stärken. Sie können zum Beispiel Ihr Selbstvertrauen stärken, indem Sie sich vorstellen, Sie gehen durch den Regen. Jeder Regentropfen, der auf Sie fällt, bringt Ihnen mehr und mehr Selbstvertrauen. Die Regentropfen können auch für Geduld oder Entschiedenheit stehen – für was immer Sie wollen. Sie können diese Eigenschaften aber auch aufsammeln, indem Sie heruntergefallene Rosenblätter vom Boden aufsammeln, bis Ihre Taschen ganz voll sind. Auch diese Bilder können Sie je nach Ihrer Phantasie und Ihren Vorlieben abwandeln.

Wie ich bereits gesagt habe, ist es leichter, Muskelentspannung und hypnotische Bildersprache zu lernen, wenn man sich eine entsprechende Cassette anhört. Ziel der Übung ist es, sich beim Zuhören der Stimme auf dem Band ganz hinzugeben und genau das zu empfinden, was die Stimme sagt, ohne es zu bewerten oder zu kritisieren. Wenn also die Stimme auf dem Band Ihnen sagt, daß Ihr linker Arm sich schwer und entspannt anfühlt, dann sollten Sie wirklich das Gefühl haben, daß Ihr Arm entspannt ist, selbst wenn er in Wirklichkeit ganz steif vor Anspannung ist.

Leben

Mit dieser Übung lernen Sie, Ihre Umgebung stärker wahrzunehmen und zu spüren. Mit ihrer Hilfe können Sie die Wunder des Lebens mehr genießen, als das die meisten von uns tun. Die meisten Menschen sind so sehr damit beschäftigt, von einem Ziel zum nächsten zu hetzen, daß sie sich kaum noch an dem erfreuen können, was sie umgibt.

Sie müssen sich stärker dessen bewußt werden, was Ihre Sinne alles aufnehmen. Wann haben Sie das letzte Mal beim Gehen wirklich auf die verschiedenen Beschaffenheiten des Bodens unter Ihren Füßen geachtet? Nehmen Sie die verschiedenen Gerüche wahr – den Geruch frisch gefallener Blätter, den Duft eines Frühlingsmorgens, den Geruch frisch gemähten Grases usw.? Achten Sie auf die verschiedenen Farben und Strukturen der Baumrinden in den Parks und Gärten? Wenn Sie im Postamt in der Schlange stehen, achten Sie dann noch darauf, wie viele verschiedene Haarfarben die Leute haben? Wie fühlt es sich an, wenn Ihnen das Wasser durch die Finger rinnt, während Sie sich das Gesicht waschen?

Wenn Sie auf diese einfachen Dinge achten, wird es Ihnen leichter fallen, in der Gegenwart zu leben. Wir alle sind jeden Tag von vielen Dingen umgeben, an denen wir uns erfreuen können.

Nur allzu oft werden wir uns erst dann aktiv einer Sache bewußt, wenn wir sie nicht mögen. Warum entscheiden Sie sich nicht einfach dazu, den Versuch zu machen, jeden Tag etwas Neues zu erleben? All das stärkt Ihre guten Gewohnheiten, was wiederum dafür sorgt, daß der Ruhepegel im Reservoir hoch bleibt.

Vierte Übung in positivem Leben

Damit Sie Ihre Geisteskraft etwas mehr schätzen können, habe ich mich entschlossen, hier eine Reihe einfacher Spiele anzufügen, um Ihnen die Kraft Ihrer Kreativität zu zeigen. Sie sind für alle, die das brauchen, auch eine gute Übung in Geduld und im Hinnehmen. Bei keinem dieser Spiele geht es darum, die richtige Antwort zu finden. Sie müssen Ihrem Geist die Freiheit gönnen, etwas zu erfinden und daran Freude zu haben.

Kritzeln: Die meisten von uns kritzeln gerne herum oder malen Männchen, und wenn wir das tun, sieht das Ergebnis meistens gleich aus. In dieser Übung versuchen Sie, so anders wie nur möglich zu kritzeln. Da ich zum Beispiel ein sehr ordentlicher Mensch bin, sind meine Kritzeleien meist sehr ausgewogen und haben keine ausgefransten Enden. Manchmal kritzle ich ganz bewußt Männchen, die überhaupt nicht symmetrisch sind und in Wirbeln auslaufen. Es ist sehr interessant, welche Gefühle dabei in mir hochkommen. Das ist auch eine gute Gelegenheit, sich in Akzeptanz zu üben.

Gedichte: Schreiben Sie irgendeinen Satz auf, der Ihnen gerade in den Kopf kommt, und versuchen Sie dann, einen zweiten Satz zu schreiben, der sich mit dem ersten reimt usw. Dabei kommen oft erstaunliche Dinge heraus.

Freie Assoziation: Das kennt jeder. Sie fangen damit an, daß Sie das erste Wort, das Ihnen in den Kopf kommt, aufschreiben. Dann schreiben Sie das Wort auf, das Sie mit dem ersten assoziieren. Auf diese Weise geht es weiter, so daß jedes Wort eine Assoziation zum vorangegangenen Wort ist. Sie müssen diese Übung nicht schriftlich machen, Sie können sie auch im Geiste machen, während Sie in einer Schlange stehen.
Es könnte eine interessante Übung sein, die Worte aufzuschreiben und dann an einem sicheren Ort aufzubewahren. Monate später beginnen Sie die Übung noch einmal mit demselben Anfangswort und sehen dann, wie Ihre Gedanken sich verändert haben.

Partybilder: Diese Spielart der freien Assoziation wird mit mehreren Leuten gemacht. Sie dient dazu, daß jeder einzelne Spaß an seiner eigenen Erfahrung hat. Niemand sollte gegen seinen Willen dazu gezwungen werden, seine Assoziation begründen zu müssen. Die Teilnehmer setzen sich in einen Kreis und schließen die Augen. Das Spiel beginnt damit, daß einer ein Wort sagt. Die Person zu seiner Linken muß dann ein Wort sagen, das sie mit dem ersten assozi-

iert. Der Unterschied zur eigentlichen freien Assoziation besteht darin, daß jede Person, wenn sie ihr Wort ausspricht, die Hand der Person zu ihrer Linken berührt, die als nächste dran ist. Wenn ein neues Wort hinzukommt, müssen die anderen Teilnehmer versuchen, es sich bildlich vorzustellen, anstatt es nur zu hören. Nach einer Weile wird das, vorausgesetzt, daß keiner die Augen aufmacht, zu einer interessanten Erfahrung.

Wenn es ein Bild gibt, an das Sie sich nach der Lektüre dieses Buches erinnern sollten, so ist es das Bild, wie Sie selbst neben einem wundervollen blauen Tank sitzen, und die Geduld und die Beharrlichkeit an den Händen halten.

Schlußbemerkung

Das ist alles etwas viel auf einmal. Ich erwarte von niemandem, daß er oder sie nach einmaliger Lektüre dieses Buches schon sicher weiß, was er tun muß. Im Idealfall picken Sie sich beim ersten Lesen nur die wesentliche Botschaft heraus. Dann lassen Sie es eine Weile liegen, damit Ihr Wachposten Zeit hat, sich an die Botschaft zu gewöhnen. Schließlich lesen Sie es ein zweites Mal, wobei Sie diesmal schon wissen, wohin das Ganze führt, und somit in der Lage sind, die Information beim Lesen auf sich selbst anzuwenden. Vielleicht probieren Sie dann eine oder zwei der einfacheren Übungen aus. Zum Schluß lesen Sie es ein drittes Mal, bevor Sie ernsthaft beginnen.

Wie ich bereits ganz zu Anfang gesagt habe, als ich meine Gründe darlegte, warum ich noch ein Buch über die Angewohnheit schreibe, sich ständig Sorgen zu machen, kann eine Person ein und dieselbe Information aus vielen verschiedenen Quellen hören und sie immer noch nicht ganz verstehen. Oft fällt der Groschen erst, wenn das Ganze ein bißchen anders dargestellt wird, und dann kommt die Botschaft an.

Als mein Sohn noch klein war, lieferte er mir den Beweis dafür. Er mußte beim Zahnarzt (bei dem ich für meine Zwecke so viel Rohmaterial finde!) eine Spritze bekommen. Er haßte das und beklagte sich, es würde weh tun. Ich sagte ihm immer wieder, daß die Muskeln in seinem Mund ganz weich werden würden, wenn er sich entspannte, und daß die Nadel dann viel leichter durchkommen könnte. Zumindest dachte ich, ich hätte ihm das gesagt. Aber ohne Erfolg. Er war immer noch verspannt und klagte, es würde weh tun. Dann, bei einem weiteren Besuch, machte ich ihm in meiner Verzweiflung das Prinzip klar, indem ich seine zusammengekrampften Finger für den angespannten Muskel hernahm. Ich sagte ihm, er solle sich vorstellen, mein Finger sei die Nadel, und versuchte dann, sie zwischen seinen zusammengepreßten Fingern hindurchzubohren. Ich bohrte »die Nadel« mit Gewalt durch, und es tat ihm ein bißchen weh. Dann sagte ich ihm, er solle »den Muskel« entspannen, indem er losließ und seine Finger entspannte. Diesmal kam ich mühelos durch und ohne daß es weh tat.

Er setzte das in die Praxis um, und als er später aus dem Behandlungszimmer kam, ging statt der üblichen Tränen ein Strahlen über sein Gesicht. »Es hat funktioniert, Mama!« sagte er. »Warum hast du mir das nicht schon früher gesagt!«

Wenn es eine Hauptbotschaft in diesem Buch gibt, so die, daß Sie lernen sollen zu erkennen, wann Sie Dinge akzeptieren und wann Sie sie kontrollieren müssen.

Viele Menschen, die in einen größeren Autounfall verwickelt waren, leiden später an einer Form von Angstneurose. Wenn man sich mit ihnen unterhält, kommt bei den meisten heraus, daß sie wütend darüber sind, daß ihr Leben ihrer Kontrolle entzogen wurde und sich veränderte. Sie neigen zu dem Gefühl, der Unfall hätte ihnen nicht passieren und sie derart beeinträchtigen dürfen.

Zwar ist diese Reaktion einleuchtend, und Sie würden mit jedem Verständnis haben, der auf diese Weise leidet, doch der Weg nach vorn liegt darin, zu akzeptieren, daß diese Dinge geschehen sind, alles daraus zu lernen, was daraus gelernt werden kann, es dann beiseite zu legen und Ihre Energien darauf zu richten, positiv zu leben. Leider neigen die Menschen dazu, anzunehmen, die anderen würden nicht glauben, daß der Unfall wirklich ernst war, wenn Sie in der Lage sind, leicht damit fertig zu werden – nach dem Motto »Ich sollte mich nicht so schnell davon erholen«.

Gewinnen Sie eine neue Einstellung zu Ihrem Leben.

Streß und Sorgen werden nicht einfach dadurch verursacht, daß Sie sich überlasten – wie das der Hausarzt in dem Fallbeispiel auf S. 56 zu denken schien. Sie werden dadurch verursacht, daß Sie zu viele Dinge zu negativ sehen und in zu vielen Dingen zu negativ fühlen.

Die Frau aus der Geschichte am Anfang des Buches müßte eine neue Einstellung zu ihrem Leben gewinnen. Sie müßte alles sein lassen, was bei ihr für eine unangenehm hohe Anspannung sorgt. Alles, was man nicht vermeiden kann, zum Beispiel für die Familie zu kochen, müßte sie akzeptieren und in einem positiveren Licht sehen. Sie würde sich auch darin üben müssen, ihre Aufmerksamkeit mehr auf die positiveren, erfreulichen Aspekte ihres Lebens zu richten. Zusätzlich könnte sie einige der hier beschriebenen Techniken anwenden, mit deren Hilfe sie ihren Ruhetank auffüllen kann.

Die Annahme, Workaholics würden sich in den Nervenzusammenbruch treiben und streßbedingte Krankheiten entwickeln, weil sie zu viele Stunden arbeiteten, ist falsch. Ein wahrer Workaholic entwickelt keine Krankheit. Denn der wahre Workaholic genießt seine Arbeit und hat sich dafür entschieden, so viel zu arbeiten. Der wahre Workaholic hat keine Schuldgefühle, weil er arbeitet und damit alles andere ausschließt.

Es sind die vorgeblichen Workaholics, jene, die es dazu treibt, stundenlang zu arbeiten, weil sie denken, daß sie arbeiten *sollten*, obwohl sie das gar nicht wirklich wollen, jene, die Überstunden machen, weil sie einen Druck spüren, der sie antreibt, der aber nichts damit zu tun hat, daß sie Spaß an ihrer Arbeit hätten – das sind die eigentlich Gefährdeten.

Wir müssen alle ehrlich mit uns sein. Wir müssen eine neue Einstellung zu unserem Leben gewinnen und uns immer wieder ernsthaft fragen, was wir tun müssen, was wir tun wollen und womit wir uns grundlos weiter herumplagen. Wir müssen uns zum Ziel setzen, mehr Freude zu haben und uns weniger von äußeren Kräften getrieben zu fühlen.

Wir können alle mehr die Menschen sein, die wir sein wollen – wir müssen uns lediglich gestatten, uns in diese Richtung zu bewegen. Es kommt nicht darauf, was Sie tun, sondern wie Sie darüber denken und wie Sie sich dabei fühlen.

Ihr Leben findet hier und jetzt statt. Es ist nicht bloß eine Kostümprobe: **Es ist das wahre Leben! Genießen Sie es! Lassen Sie es nicht an sich vorüberziehen!**

Anhang

Handelt es sich um Furcht, Angst, Streß, Besorgtheit oder Schuldgefühle?
Antworten auf die Fragen von S. 25 f.

1. Die Antwort lautet **Angst**. Sie erleben eine unangenehm starke Anspannung, weil Sie denken, daß Sie morgen nicht fähig sein werden, alle Fragen zu beantworten. Sie können sich aber auch aus bloßer Gewohnheit ängstlich fühlen.
Falls es Ihnen wirklich irgendwie nutzen sollte, sich Ihre Prüfungsunterlagen noch einmal in Ruhe durchzulesen, dann tun Sie es. Versuchen Sie in diesem Stadium jedoch nicht, irgendetwas Neues zu lernen, das wird Sie wahrscheinlich nur verwirren. Lesen Sie Ihre Aufzeichnungen, und dann vergessen Sie die Prüfung ganz bewußt und tun Sie etwas anderes. Schauen Sie sich im Fernsehen Ihre Lieblingssendung an, aber ohne sich Schuldgefühle zu machen, daß Sie eigentlich büffeln sollten, denn das sollten Sie nicht. Sagen Sie sich, daß es morgen vorbei sein wird. Sie müssen die Prüfung ablegen, und wenn die Stunde gekommen ist, dann werden Sie ja sehen, wieviel Sie sich merken konnten. Falls Sie wissen, daß Sie sich nicht genügend vorbereitet haben, sollten Sie sich mit der Tatsache abfinden und daraus lernen. Selbst wenn Sie scheitern, bedeutet das nicht das Ende der Welt. Es wird immer etwas geben, das noch verbessert werden kann. Vielleicht stellt sich sogar heraus, daß Ihnen gar nichts Besseres hätte passieren können. Sehen Sie positiv in die Zukunft.

2. Die Antwort lautet **Besorgtheit**. Ihre Tochter legt die Prüfung ab, nicht Sie. Was auch immer Sie jetzt tun, Sie können das Ergebnis nicht beeinflussen. Entspannen Sie sich und überlegen Sie sich, was Sie sagen oder tun können, um sie zu trösten, falls sie durchfällt. Es wird nicht das Ende der Welt bedeuten. Es mag schön für sie sein, wenn sie jetzt besteht, doch wenn sie das nicht tut, müssen Sie die Tatsache hinnehmen, daß wir manchmal aus unserem Scheitern mehr lernen als aus unserem Erfolg.

3. Das ist **Angst**. Sie haben wahrscheinlich Höhenangst und übertragen sie auf die Figuren im Film. Wahrscheinlich werden Sie sich wieder entspannen, wenn die Szene zu Ende ist.
Die meisten Menschen mit sehr wachsamen Wachposten (siehe S. 27 ff) mögen solche Filme nicht, in denen irgendein großes Unglück passiert – wie etwa *Inferno* o.ä. Sie haben keinen Spaß an Spannung und Chaos. Solche Filme gefallen vor allem Menschen mit

schläfrigen Wachposten, da sie solche extremen Situationen brauchen, um ihre Spannung zu steigern. Überlegen Sie sich, wer von Ihren Bekannten solche Filme mag und wer nicht. Was für Wachposten haben diese Leute Ihrer Meinung nach?

4. Das ist **Streß**. Wenn Sie mit der Möglichkeit konfrontiert werden, daß etwas Unangenehmes passieren kann, müssen Sie eine Entscheidung fällen. Sie müssen etwas tun. Es hat keinen Zweck, abzuwarten und zu sehen, was passieren wird, weil Sie sich dadurch in eine Lage bringen, über die Sie keine Kontrolle haben.
Nutzen Sie Ihre Möglichkeiten. Stellen Sie realistische Überlegungen an, was Sie tun würden, falls Sie arbeitslos werden sollten. Blicken Sie dieser Möglichkeit ins Auge. Wenn das Unglück dann nicht eintritt, werden Sie überglücklich sein. Wenn es eintritt, sind Sie vorbereitet.

5. Das ist **Furcht**. Sie sehen voraus, daß Ihnen etwas Unangenehmes zustoßen wird. Jetzt ist es Zeit zu kämpfen oder zu fliehen. Das heißt nicht, daß es zu einer Schlägerei kommen muß. Da sein Auto geparkt war, ist die Chance, daß es nicht Ihr Fehler war, gering. Er wird in der Defensive sein, weil er befürchtet, daß Sie versuchen werden, die Verantwortung von sich zu weisen. Um die Situation zu entschärfen, müssen Sie ihm seine Befürchtungen nehmen, indem Sie sich entschuldigen, indem Sie Versicherungsnummern austauschen usw. Es hat keinen Zweck, sich darüber aufzuregen, daß er sich aufregt: Das macht die Sache nur noch schlimmer.

6. Das sind **Schuldgefühle**. In Wirklichkeit können Sie an der Tatsache nichts ändern, daß Sie vor seinem Tod nicht Frieden mit dem Mann geschlossen haben. Sie müssen aus dieser Erfahrung lernen und das, was Sie gelernt haben, in Zukunft beherzigen. Sie müssen sich zum Beispiel sagen, daß Sie sich in Zukunft sofort entschuldigen werden – zum Beispiel hätten Sie ihn anrufen können, nachdem Sie Ihren Fehler bemerkt hatten – und nicht erst Zeit verstreichen lassen.

Antworten auf den Frageteil in der zweiten Verständnis-übung auf S. 35:

Ihr erster Tag an einer neuen Arbeitsstelle

Diese Situation läßt den Wachposten wachsam werden, weil Sie in der Regel den Ort, an dem Sie arbeiten, noch nicht kennen. Die Arbeitsgewohnheiten und die anderen Leute sind Ihnen nicht vertraut, und je mehr Ungewohntes eine Situation enthält, desto wachsamer wird der Wachposten.

Der Wachposten kann beruhigt werden, wenn man bei der neuen Arbeit nicht gleich am ersten Tag zu viel zu machen versucht. Treffen Sie sich nicht gleich mit allen neuen Leuten, sondern lernen Sie erst die kennen, mit denen Sie am engsten zusammenarbeiten werden. Kaufen Sie sich für den ersten Arbeitstag keine neuen Kleider. Sie werden sich in Kleidern, die Sie gewohnt sind, sicherer fühlen.

Sie kleiden sich für eine Hochzeit an

Wie bei Nummer 1 liegt das Problem zum einen darin, daß Sie Kleider tragen, die Sie nicht gewohnt sind, und zum anderen, daß Sie bei dem Empfang viele fremde Leute treffen werden.

Anstatt sich ängstlich Gedanken zu machen, wer alles dort sein könnte, sehen Sie der Veranstaltung mit positiven Gefühlen entgegen.

Sie lernen neue Leute kennen

Hier wird Ihr Wachposten wachsam, weil Sie sich auf sich selbst konzentrieren. Sie machen sich darüber Gedanken, was andere Leute von Ihnen denken, fragen sich besorgt, ob man Sie auch mögen wird usw. Der Trick besteht darin, daß Sie nicht über sich selbst nachdenken und sich ganz auf die anderen konzentrieren. Versuchen Sie herauszufinden, was für Menschen sie sind, zeigen Sie aufrichtiges Interesse und schon werden Sie nicht mehr so viel über sich selbst nachdenken. Die meisten Menschen mögen es, wenn eine neue Bekanntschaft sich an ihrem Leben interessiert zeigt – vorausgesetzt, die Fragen sind nicht zu persönlich.

Sie fangen einen Abendkurs an

Was diese Sache so aufregend macht, ist wahrscheinlich sowohl die Tatsache, daß Sie am Abend lernen, als auch die Fächer, die Sie lernen und die neuen Leute.

Die meisten von uns sind es gewohnt, am Tag Unterricht zu haben – eine alte Gewohnheit aus unseren Schultagen. Sie müssen sich lediglich sagen, wie gut es ist, statt dessen am Abend zu lernen. Was die Leute anbelangt, zeigt schon die Tatsache, daß sie denselben Kurs belegt haben, daß es Gemeinsamkeiten gibt. Fragen Sie nach ihren Gründen, warum sie an dem Kurs teilnehmen. Seien Sie mehr daran interessiert, etwas über sie herauszufinden als darüber nachzudenken, wie Sie wohl auf diese Leute wirken.

Sie hören auf zu arbeiten, um ein Kind großzuziehen

Dies bedeutet eine neue Routine und ein neues Selbstbild. Je eher Sie eine eigene neue Routine einführen können, desto besser. Wenn Menschen aufhören zu arbeiten, ist das Problem meist, daß sie zuviel unstrukturierte Zeit zur Verfügung haben und sich einfach nicht entscheiden können, was sie damit anfangen sollen. Diese Unentschlossenheit führt zu der unangenehmen Anspannung.

Sie müssen sich mit Ihrer neuen Rolle abfinden. Es hat keinen Zweck, vergangenen Tagen nachzutrauern, wenn Sie sie nicht in die Gegenwart zurückholen können.

Sie gehen in Rente

Hier sind die Probleme ähnlich gelagert wie im obigen Fall. Sie müssen so bald wie möglich neue Gewohnheiten und ein neues Selbstbild ausbilden.

Erkrankung eines Familienmitgliedes

Wenn jemand in der Familie krank ist, bedeutet das für alle anderen eine Veränderung der Gewohnheiten. Selbst wenn der Patient nicht an einer ernsten Krankheit leidet, kann die bloße Tatsache, daß er nicht am Frühstückstisch sitzt, die anderen aus der Bahn werfen. Die Dinge sind nicht mehr wie gewohnt, und das sorgt beim Wachposten für Anspannung.

Seien Sie sich dessen bewußt und sagen Sie sich, daß die Dinge beängstigend bleiben werden, solange der Patient oder die Patientin noch krank ist, daß aber die Genesung mit jedem Tag näher rückt. Wenn kleine Dinge Ihnen Unwohlsein bereiten, wird dieses Unwohlsein oft schon dadurch beseitigt, daß Sie den Tatsachen ins Auge blicken.

Sachverzeichnis